# Ripley ¡Aunque Ud. No Lo Crea!

**Vicepresidente ejecutivo de propiedad intelectual** Norm Deska
**Vicepresidente de exposiciones y archivos** Edward Meyer
**Directora de operaciones de publicación** Amanda Joiner

**Gerente editorial** Dean Miller

**Editoras** Jessica Firpi, Wendy A. Reynolds, M.S.Ed.
**Investigadora** Sabrina Sieck
**Texto** Geoff Tibballs
**Redacción de artículos** Jessica Firpi, Wendy A. Reynolds, Sabrina Sieck
**Traducción** Susana del Moral
**Revisión** Chandler Gifford
**Verificación de datos** Alex Bazlinton, Chris Lombardi, Matthew Usher
**Indización** Janet Perlman
**Revisora** Susana del Moral, Cynthia Roby
**Agradecimientos especiales** JR Language Translation Services, Inc. y el equipo de redes sociales de Ripley

**Directora de arte** Penny Stamp
**Diseñadores** Jessica Firpi, Luis Fuentes, Penny Stamp, Jim Steck
**Colaboradores de diseño gráfico** Shelley Easter, Composure Graphics
**Coordinadora de producción** Amy Webb
**Reprografía** *POST LLC
**Diseño de la portada** Sam South

Primera edición: septiembre de 2017

**ISBN: 978-1-60991-198-0**

Número de control de la Biblioteca del Congreso:
2017942821

NOTA DEL EDITOR
Aunque se ha hecho todo lo posible para verificar la exactitud de los artículos en este libro, el editor no se hace responsable de los errores contenidos en el mismo. Cualquier comentario de los lectores es bienvenido.

ADVERTENCIA
Algunas de las proezas y actividades que se presentan fueron realizadas por expertos, y ninguna persona sin el entrenamiento y supervisión adecuados debe intentar emularlas.

# ¡Aunque Ud. No Lo Crea!®

## ¡DESENCADENE LO EXTRAÑO!

### Volumen 1

RIPLEY

S 031.02 R592 folio v.1 2017

a Jim Pattison Company

# CONTENIDO

# THE Fireball Run®

The Fireball Run®, uno de los concursos tipo reality show en línea más famosos del mundo, necesitaba un tesoro especial para su búsqueda de 2016, ¡y el equipo del Odditorium de St. Augustine de Ripley entró en acción!

Con piezas especiales como el primer dibujo de Ripley y una cabeza encogida genuina, nuestro equipo ayudó a los concursantes a obtener pistas para pasar a la siguiente etapa. Después del exitoso "desafío" de Ripley y en su quinta participación en el concurso de beneficencia, Jim y Beth Shaver ganaron en su Ford Mustang convertible 2015. The Fireball Run brinda apoyo a la Child Rescue Network en su búsqueda de niños perdidos en Estados Unidos.

# ¡DESENCADENE SU EXTRAÑO!

Aquí en Ripley cada año representa un nuevo reto en nuestro esfuerzo por revelar lo extraño, y este año no fue la excepción. Los investigadores, escritores y editores de Ripley pasaron todo el año recolectando miles de historias nuevas y reuniéndose con personas increíbles ¡que han logrado desentrañar su potencial de lo insólito!

¡Ripley tiene un orgulloso historial de desentrañar lo insólito! J. T. Saylors, de Georgia, EE.UU., nunca había mostrado su talento para contorsionar el rostro en una graciosa expresión, hasta que apareció en el primer Odditorium de Ripley en Chicago, en 1933. Robert Ripley incluso hizo un dibujo de Saylors para su columna ilustrada.

PÁGINA 114

PÁGINA 10-11

ICE ICE ICE
ICE BLOCK LETTERS WITH THE SAME OUTLINES

J.T. SAYLORS – of Villa Rica Ga. CAN DISLOCATE HIS JAWS AND SWALLOW HIS NOSE

On View in the BELIEVE IT OR NOT ODDITORIUM WORLD'S FAIR, Chicago

THE PROPELLER GRAVESTONE IN The National Cemetery, C.Z.

THE LARGER TANK IS ONLY TWICE THE DIAMETER OF THE SMALLER ONE – BUT IT HOLDS FOUR TIMES AS MUCH

Hershel LOCKETT FANNED 267 BATTERS IN 146 INNINGS Saguache High School Colorado

# Desencadenar lo extraño

El 27 de febrero de 2016, siete tragaespadas en el Odditorium ¡Aunque usted no lo crea! de Ripley, en Orlando, Florida, EE.UU., realizaron su acto a las 2:27 pm, en el día mundial de los tragaespadas. ¡Se tragaron un total de 17 espadas!

Lady Riggy, de The Schadenfreude Circus, no solo se tragó dos espadas, ¡sino que también caminó sobre vidrio triturado en el evento de Ripley!

"Es importante compartir con otras personas que las limitaciones se pueden superar, que uno tiene superpoderes y que vienen de dentro. Solo hay que hacerlos realidad".
—Dai Andrews

Vera Vermillion de Orlando, Florida, EE.UU., es una tragaespadas autodidacta ¡que aprendió usando ganchos de ropa!

¡Si puede hacer algo extraordinario, nos gustaría saberlo! Envíenos sus videos o fotos; podemos contactarlo para una emocionante oportunidad.

Para más información, visite www.ripleys.com/unlocktheweird.

## DÍGANOS CÓMO HA ¡DESENCADENADO LO EXTRAÑO!

7

# 1 ¡Créalo!

# 20 PENNY CIRCUS

Con comedia, contorsiones, trucos y tácticas de choque, Tyler Sutter y Carl Skenes, mejor conocidos como 20 Penny Circus, ofrecen un espectáculo como pocos. No se dejen engañar por el maquillaje: estos artistas no hacen animales con globos ni tampoco "payasadas". Este dúo extraño y macabro prefiere el lado oscuro de la magia, y su público son "aquellos de gusto dudoso".

El punto culminante de su actuación es la ruleta rusa con una pistola de clavos, que ahora son más reacios a realizar. Durante una presentación en 2015, ¡Carl se disparó un clavo a través de la mano! También ponen a prueba los límites del cuerpo humano con proezas tradicionales como tragarse una espada, caminar sobre vidrio y rituales de mutilación, ¡todo con el inconfundible estilo de 20 Penny Circus!

20 Penny Circus siempre atrae la atención del público con sus peligrosos actos.

En el escenario es payaso contra payaso, cada uno tratando de opacar al otro, pero fuera del escenario, son amigos.

# ESCUPEN EXCREMENTO DE OVEJA

Los organizadores de esta singular competencia prepararon 30 pedazos de excremento de oveja, pensando que sería suficiente, pero con tantos participantes, ¡tuvieron que reciclar 18 pedazos que ya se habían usado!

En 2015 se celebró en Irvinestown, Irlanda, la 37ª edición anual del Festival del Lago, donde se introdujo esta competencia. Es tal como suena: los participantes ponen excremento de oveja en sus bocas e intentan escupirlo lo más lejos posible. Y aunque usted no lo crea, se reunieron 48 competidores, entre ellos la reina del festival, la Dama del Lago, Eimear Donnelly. Después de un aguerrido desempate, Mark Leonard ganó el primer lugar ¡con un escupitajo de 9 m!

El creador, organizador y participante del evento, Joe Mahon, se inspiró (tras algunas cervezas) en competencias similares en África, como Bokdrol spoeg, en la que los participantes escupen el excremento del antílope kudu. Según él, uno de los participantes, Paddy McCann, escupió el excremento 4 m con su dentadura postiza puesta, pero cuando le pidieron que se la quitara y lo intentara de nuevo, ¡terminó tragándoselo!

Orgulloso de lo que espera se convierta en una tradición nada apetitosa, Mahon disfrutó de su papel, ¡e incluso se procuró el estiércol directamente de las ovejas!

# Parahawking

Si se combina el parapente en tándem con el antiguo arte de la cetrería, se obtiene el parahawking: ¡la oportunidad de volar con buitres egipcios! Los parapentistas llevan una cangurera con carne, vuelan junto a estas aves de rapiña entrenadas y colocan pequeños trozos de carne en su mano enguantada. Cuando suena un silbato, el buitre se posa en el brazo del pasajero y le arrebata el bocado. Adam Gerber capturó la acción en pleno vuelo en Pokhara, Nepal, que actualmente es el único lugar donde puede practicarse este deporte temerario.

**EL MUNDO ES UN PAÑUELO** Tras buscar en los registros del Departamento de Salud a su madre biológica que la había dado en adopción hacía casi 40 años, La-Sonya Mitchell-Clark descubrió que las dos trabajaban para la misma compañía en Youngstown, Ohio, EE.UU., y vivían a pocos minutos una de la otra. No solo se reunió con su madre, Francine Simmons, sino que se enteró de que tenía tres hermanas, una de las cuales también trabajaba en la misma empresa.

**PROPUESTA POR GPS** Yasushi Takahashi pasó seis meses caminando 7,164 km en Japón, para proponerle matrimonio a su novia. Planeó cuidadosamente cada lugar que visitaba para que los registros de sus viajes en el GPS formaran las palabras "Cásate conmigo" en un mapa de Japón al unir todas las coordenadas.

**PIERNAS HINCHADAS** Cuando la policía vio a tres hombres con piernas inusualmente gruesas en el aeropuerto de la Ciudad de México, una búsqueda reveló que tenían un total de 2.8 millones de pesos ocultos en sus pantalones. Los billetes estaban escondidos en los calcetines y envueltos alrededor de sus piernas con vendas elásticas.

**VISTA AL MAR** Poco antes de cumplir 101 años, Ruby Holt vio el mar por primera vez en su vida. Había vivido casi siempre en la zona rural de Tennessee, EE.UU., y nunca pudo darse el lujo de viajar los 640 km que la separaban de la costa, pero en 2014, la organización Wish of a Lifetime la llevó desde el hogar para ancianos donde vivía en Columbia hasta Perdido Beach en la costa del Golfo de México.

**NOMBRE LARGO** Alexander Ek de Haninge, Suecia, tiene un nombre legal con 63 palabras que contiene personajes como Iron Man, Shredder y Yoda. Se lo ha cambiado seis veces, con un costo de más de 1,000 USD.

**REBOTÓ MAL** Un ladrón en Drogheda, Irlanda, arrojó un ladrillo para tratar de romper la ventanilla de un coche, pero el ladrillo rebotó y lo dejó inconsciente tras golpearlo en la cara. Lo encontraron en un charco de sangre.

## Ripley Investiga

Los aviones y los pájaros utilizan el mismo método para mantenerse en vuelo. Aprovechan las corrientes ascendentes de aire caliente para elevarse. Cuando encuentran una corriente, el piloto o el pájaro vuelan dentro de ella para ganar altura antes de volar a la siguiente corriente, y avanzar así hacia su destino. Este tipo de elevación es increíblemente eficiente, y la usan muchas especies de buitres, aves rapaces y cigüeñas.

**RÍO DESVIADO** Un hombre en el estado de Washington, EE.UU., fue condenado a 30 días de cárcel en 2015 por tratar de desviar un río. William Cayo Sr. usó un bulldozer para llenar una sección del río Tahuya detrás de su casa en el condado de Mason, en un intento por cambiar su curso.

**CIEN NIETOS** El 8 de abril de 2015, Leo y Ruth Zanger de Quincy, Illinois, celebraron el nacimiento de su nieto número 100 (53 nietos, 46 bisnietos y un tataranieto). Han estado casados 60 años y tienen 12 hijos, el más joven de los cuales, Joe, ya había sido tío 10 veces antes de nacer.

**NOMBRE ÚNICO** Si los padres están dispuestos a pagar 32,000 USD, Erfolgswelle, una empresa suiza, se compromete a darles un nombre único para su bebé que nadie más tiene en el mundo entero.

**CONCURSO DE ENSAYOS** Rose y Prince Adams se convirtieron en dueños del hostal Center Lovell Inn en Lovell, Maine, EE.UU., tras escribir un ensayo de 200 palabras que plasmaba sus ambiciones. Janice Sage, la anterior dueña, organizó el concurso en el que participaron miles de personas; ella misma ganó el hostal en un concurso similar en 1993.

**OJO ROBADO** Un ladrón que se robó una pequeña bolsa de un coche en Boonville, Nueva York, EE.UU., seguramente se sorprendió cuando vio que contenía una prótesis de ojo que valía más de 2,000 USD.

**BRAZALETE LARGO** La familia Hall de Oxfordshire, Inglaterra, hizo un brazalete de hilo que medía 12,532 m de largo, casi una vez y media la altura del monte Everest.

**TÓNICO PARA LA SALUD** Mientras Joseph Amorese, de Easton, Pensilvania, EE.UU., se recuperaba de una cirugía de hernia, su familia le envió una tarjeta con un boleto de lotería adentro, y cuando rascó el boleto, vio que había ganado 7 mdd.

**FOTOS DE ATAÚD** Jenny Tay y Darren Cheng, que trabajan en una funeraria en Singapur, posaron para sus fotos de boda en un ataúd.

**GUERRA POR UN PERRO** Grecia y Bulgaria fueron a la guerra después de que un soldado griego cruzó la frontera para recuperar a su perro.

Para la mejor vista de Río de Janeiro, Brasil, hay que subir a la cima del Morro do Cantalago ¡y luego caminar por una cuerda floja encima de la ciudad! A una altura de 200 m, esta cuerda está cinco veces más arriba que la icónica estatua del Cristo Redentor.

# Desde las NUBES

# Visión Triple

Las trillizas idénticas Tagiane, Rocheli y Rafaela Bini siempre han compartido su cumpleaños, pero ahora también comparten otro día importante: el día de su boda. El 21 de marzo de 2015, las tres caminaron juntas por el pasillo de una iglesia en Passo Fundo, Brasil. Tanto los invitados como los novios Rafael, Gabriel y Eduardo tuvieron que prestar mucha atención, porque las hermanas llevaban vestidos, peinados y maquillaje idénticos. ¡Lo único diferente era el color de sus ramos!

Las bodas de trillizas han ocurrido desde hace muchos años y en muchas culturas, incluida esta boda de 1910 en Burgstadt, Alemania.

Las trillizas cantantes Cindy, Valerie e Yvonne Hiles, el 18 de octubre de 1975, en Folkestone, Inglaterra.

**ESTATUA DE GATO** Doreen Liddell de Cornwall, Inglaterra, tenía la estatua de un gato que supuestamente era una baratija, junto a su chimenea; resultó ser una reliquia egipcia de 2,500 años de antigüedad que se vendió en una subasta en 2015 por 78,000 USD.

**VENTA DE NIEVE** Durante el frío invierno de 2015 en Estados Unidos, Kyle Waring de Manchester-by-the-Sea, Massachusetts, vendió "nieve histórica de Boston" a personas en climas más cálidos, a un precio de 89 USD por 2.7 kg. Incluso si la nieve se había derretido un poco para cuando llegaba a su destino, todavía quedaba suficiente para hacer hasta 15 bolas de nieve.

**HALLAZGO MACABRO** Se encontró el cuerpo momificado de una anciana debajo de una pila de basura de 1.8 m en una casa en San Francisco, EE.UU., en 2015, rodeado de arañas viudas negras, heces de perro, ratas y 300 botellas de orina.

**ROBO FRUSTRADO** Dos ladrones armados que irrumpieron en una tienda en Berlín, Alemania, huyeron con las manos vacías después de que la dependienta, que estaba limpiando, les apuntó con el accesorio de la aspiradora que estaba usando.

**EQUIPAJE PERDIDO** En 2014, Maria Dellos, de Tucson, Arizona, EE.UU., recibió una llamada del Aeropuerto Internacional de Tucson para informarle que habían encontrado la maleta que se había perdido 20 años antes.

**365 PROPUESTAS** Dean Smith, de Scottsdale, Arizona, EE.UU., se filmó en secreto proponiéndole matrimonio a su novia, Jennifer Kessel, todos los días durante un año. Cada día, sostenía una pizarra donde le pedía que se casara con él, pero ella solo se enteró cuando Dean le puso el video en un viaje familiar a Aruba. Ella dijo que sí.

**MISMO NOMBRE** Cuando William J. Danby abrió un libro de aventuras que le compraron en una tienda de beneficencia en Lancashire, Inglaterra, vio que el libro había sido propiedad de otro William J. Danby, casi un siglo antes, en 1919. Ambos tenían 13 años cuando les regalaron el libro Los jóvenes francotiradores de G. A. Henty.

## >¡Otro juego de colmillos!

## El misterio del puma

Unos dientes que crecían de la cabeza de un puma dejaron a los expertos desconcertados, ¡rascándose sus propias cabezas!

El 30 de diciembre de 2015, un cazador anónimo comenzó a seguir al felino de los colmillos después de verlo atacar a un perro en Weston, Idaho, EE.UU. El perro sobrevivió al ataque, pero el puma no tuvo tanta suerte. Cuando lo capturó, el cazador se sorprendió por la inusual deformidad: dientes completos y bigotes blancos que le crecían sobre la cabeza. Los expertos del Departamento de caza y pesca de Idaho no pueden explicar por qué se desarrolló esta anomalía, pero creen que se trata de los restos de un gemelo siamés o un tumor teratoma, aunque ambos son muy raros tanto en humanos como en animales.

**CASI IMPOSIBLE** Peter McCathie, de Amherst Shore, Nueva Escocia, Canadá, ganó 1 mdd en la lotería en 2015, años después de que él y su hija habían sobrevivido a la caída de un rayo en incidentes separados. La probabilidad de que le ocurran los tres eventos a la misma persona (sobrevivir a un rayo, tener una hija que haya sobrevivido a un rayo y ganar la lotería) ¡es de 1 en 2.6 billones!

**PROPUESTA CON FRUTAS** El Sr. Dong de Xi'an, China, le propuso matrimonio a su novia en la calle tras crear delicados corazones y una elaborada flecha de Cupido con sus frutas favoritas, los lichis. Aunque ella recogió una de las frutas y se la comió, al final lo rechazó y se fue.

**TIENDA DE ABRAZOS** Cuando Samantha Hess, de Portland, Oregon, EE.UU., abrió "Cuddle Up To Me", una tienda que cobra un dólar por minuto por un abrazo terapéutico, recibió 10,000 correos de clientes mayores de 18 años la primera semana para reservar abrazos que iban entre 15 minutos y un máximo de cinco horas.

**BALAZOS DE MENTIRAS** Después de que el ejército holandés se quedó sin municiones en 2015, los soldados tuvieron que gritar "bang, bang" en el entrenamiento, porque no tenían balas.

**CHAMPÚ DE ORINA** Seis estudiantes de la Universidad de Reykjavik, Islandia, crearon un champú hecho con orina de vaca. Se les ocurrió la idea luego de encontrar registros históricos que indican que las mujeres agregaban orina de vaca a su baño para limpiar el cabello y que se viera brillante.

"Neuronas", de la investigadora Mehmet Berkmen y la artista Maria Penil, ganó el primer lugar. El equipo usó *Nesterenkonia* amarillas, *Deinococcus* anaranjadas y *Sphingomonas*.

## PETRI RETRATOS

Los microbios son los organismos más diversos del mundo, pero normalmente solo oímos hablar de los malos, como las bacterias. La Sociedad Estadounidense de Microbiología desafió a la comunidad científica a que ayudara a eliminar este estigma y convirtiera su trabajo en arte usando los microbios como pintura y las placas de Petri como lienzo. El concurso "Arte en agar" recibió 85 brillantes y hermosas obras de arte, desde perfiles de ciudades hasta autorretratos. Algunos usaron microbios que crecían de la noche a la mañana, ¡pero otras creaciones tardaron semanas en cobrar vida!

# LA MADRE YANOMAMI

Los padres de David Good se separaron, pero su historia es mucho más complicada. Su madre, Yarima, es miembro de la tribu Yanomami, que vive en una remota selva amazónica.

El padre de David, Kenneth, era un estudiante de antropología de la Universidad de Pensilvania que viajó al Amazonas en 1975. En Venezuela, se topó con la tribu de Yarima. Fascinado, regresó varias veces y se volvió muy respetado; años más tarde, se casó con Yarima. Después de una relación de larga distancia de varios años, se llevó a su esposa a Bryn Mawr, Pensilvania, EE.UU., en noviembre de 1986, donde nació David. Aunque Yarima trató de adaptarse a la vida ahí, extrañaba su hogar y finalmente tomó la dolorosa decisión de dejar a David y a sus hermanos, para volver con los Yanomami.

En agosto de 2011, David decidió ir a buscar a su madre. Aunque habían transcurrido muchos años, se reconocieron y congeniaron inmediatamente. Ahora visita con frecuencia a Yarima, y vive como uno de la tribu, enfrentándose a los mosquitos y parásitos, y comiendo monos, serpientes, gusanos y armadillos. David fundó también The Good Project, una organización sin fines de lucro dedicada a la educación, atención médica y preservación del patrimonio cultural de los grupos indígenas en América del Sur y América Central. Sus vínculos con los Yanomami se hacen más fuertes con cada visita.

Yarima intentó vivir en Estados Unidos, pero el apego a su pueblo en el Amazonas fue demasiado fuerte.

## RIPLEY PREGUNTA ?

Ripley le pidió a David más información sobre su reunión.

**P** ¿Qué pasaba por tu mente cuando te reuniste con tu madre?

**R** Tan pronto la vi, me inundaron de inmediato los recuerdos, y perdí la compostura brevemente, pero al ver sus hermosos ojos oscuros, me sentí feliz y en paz. Finalmente estaba con mi mamá de nuevo.

**P** ¿Los Yanomami te aceptaron inmediatamente?

**R** Sí, soy uno de ellos, ¡y me lo dijeron sin demora! También compartieron historias de mi padre y expresaron su gratitud por su ayuda. Los Yanomami me aceptaron desde el primer día, especialmente mi hermano Micashi (a quien llamo Ricky Martin). Él ha sido clave para enseñarme la cultura de los Yanomami: cómo cazar, cómo disparar un arco y flecha, cómo recolectar miel, cómo cortar un árbol, etc.

# El pozo que petrifica

A orillas del río Nidd, cerca de Knaresborough en Yorkshire, Inglaterra, se encuentra un pozo peculiar cuya agua endurece cualquier objeto, desde osos de peluche hasta bicicletas. Cuenta la leyenda que Madre Shipton hechizó el pozo, pero la ciencia moderna puede explicar mejor el secreto. Cuando el agua del pozo fluye sobre los objetos, su contenido mineral inusualmente alto los endurece, de la misma manera en que se forman las estalactitas y las estalagmitas en las cuevas. ¡Lo sorprendente es que los objetos se petrifican en solo tres a cinco meses!

# Devolver al remitente

Al celebrar su cumpleaños 90 el 24 de agosto de 2015, Mary Nash Ward, llamada de cariño "Nashie", abrió una tarjeta de cumpleaños de su mejor amiga, Catherine Carpenter... *de nuevo*. La tarjeta, que originalmente costó diez centavos de dólar, más tres centavos de franqueo, ha pasado entre ellas cada año desde 1950, cuando Nashie dijo en broma que Catherine podría ahorrar algo de dinero si le devolvía la tarjeta para su cumpleaños. Y aunque usted no lo crea, ¡la tarjeta sobrevivió incluso al huracán Katrina! La guardaron en una caja de metal con otros objetos de valor y la pusieron en la cajuela de Nashie cuando la estaban evacuando de su casa en Long Beach, Mississippi, EE.UU.

**POPÓ PRECIOSO** Según un estudio de la Universidad Estatal de Arizona en Estados Unidos, los niveles de oro, plata y platino en heces humanas son tan altos, que una ciudad de 1 millón de habitantes desecha unos 13 mdd en metales preciosos en baños y alcantarillas cada año.

**AVISPEROS** Terry Prouty tiene una colección de más de 100 avisperos en su casa de Tulsa, Oklahoma, EE.UU. Los colecciona desde el año 2000; compra la mayor parte en línea, y le cuestan entre 10 y 200 USD. Uno de los más grandes mide casi 1 m de altura.

**CUIDADOR SIN BRAZOS** Chen Xinyin, de Chongqing, China, atiende a su madre de 91 años, a pesar de que no tiene brazos. Los perdió en un accidente a los siete años, pero se ha enseñado a cocinar, a realizar tareas domésticas y a criar animales en su granja usando solo la boca y los pies.

**BROMA CON PAPEL** El bromista profesional Roman Atwood cubrió el exterior de la mansión de California del comediante y presentador Howie Mandel con más de 4,000 rollos de papel de baño, de tal manera que la casa quedó casi totalmente oculta.

**INVASIÓN DE GNOMOS** En junio de 2015, aparecieron de pronto 107 gnomos en el jardín de la casa de Marcela Telehanicova en Devon, Inglaterra. Aunque la policía investigó, no se reportaron gnomos desaparecidos en el área.

**ESCONDITE** Al regresar al Reino Unido tras actuar en Francia, la banda de rock Willie and the Bandits descubrió a un inmigrante ilegal que trataba de ingresar al país oculto en uno de sus estuches de guitarra.

**LLAMADA INCÓMODA** Un hombre que entró a robar en una escuela de Laurel, Delaware, EE.UU., tuvo que llamar al 911 después de quedar atrapado en el elevador.

**TODO PARA NADA** "Tunnel Joe" Holmes pasó un año y siete meses construyendo un túnel desde la Penitenciaría Estatal de Maryland, EE.UU., de donde escapó en febrero de 1951, pero solo pasaron dos semanas antes de que lo capturaran de nuevo.

**MULTA DE CUMPLEAÑOS** Isayev Amirbek, de 25 años, de Dusambé, Tayikistán, fue multado con 600 USD por publicar una foto en Facebook de un pastel de cumpleaños en un café, infringiendo así una ley que prohíbe la celebración de cumpleaños en público. Un mesero testificó que nadie había felicitado a Amirbek en el café, pero al juez no le importó.

**PROTESTA DE PRESOS** Ochenta y seis prisioneros de la cárcel de Exeter en Devon, Inglaterra, enviaron una carta formal en la que alegaban que un sudoku en el periódico local, el *Exeter Express and Echo* del 21 de mayo de 2015 era imposible de resolver.

**GOLPE DE SUERTE** Cansado de esperar en la fila en una tienda en Fairfield, Connecticut, EE.UU., Bob Sabo, de Easton, decidió comprar dos boletos de lotería de 20 USD en una máquina expendedora, algo que nunca había hecho antes. Como no llevaba sus anteojos, presionó por error el botón equivocado y compró un boleto de "Gana 30 veces" por 30 USD, que resultó ser el ganador de 30,000 USD.

**CLAVES EN EL CRUCIGRAMA** Matthew Dick de Londres, Inglaterra, le propuso matrimonio a su novia Delyth Hughes ocultando claves en el crucigrama del periódico *The Times* del 16 de junio de 2015.

**BUENAS ACCIONES** El dependiente de una tienda, Luke Cameron, de Cheltenham, Gloucestershire, Inglaterra, hizo una buena acción todos los días de 2014, como comprar comidas para extraños, ayudar a vecinos de edad avanzada y comprar bebidas calientes para personas sin hogar; el 31 de diciembre les dio 365 libras (550 USD) a 73 personas al azar, una libra por cada día del año.

**HIJOS ADOPTIVOS** Li Li Juan, ex millonaria de la provincia de Hebei, China, está ahora endeudada después de gastar todo su dinero en adoptar y criar a más de 75 niños enfermos y abandonados desde 1996.

**CARTAS DE AMOR** Bill Bresnan, de Toms River, Nueva Jersey, EE.UU., le ha escrito más de 10,000 cartas de amor a su esposa Kirsten. Le ha escrito una nota romántica todos los días durante casi 40 años, y la mayoría está ordenada cronológicamente en 25 cajas en el ático de su casa.

**PROTESTA DE CENTAVOS** En protesta por una multa de estacionamiento que le impuso la Universidad de Carolina del Norte en Charlotte, EE.UU., Stephen Coyle la pagó con 14,000 monedas de un centavo. Tardaron 3 horas y 40 minutos en contar todas las monedas.

## RITUAL DE LIMPIEZA DE CADÁVERES EN TORAJA

Cada agosto, en Toraja, Sulawesi del Sur, Indonesia, las familias exhuman los cuerpos de sus parientes muertos y los lavan, arreglan y visten con ropa nueva en un ritual llamado Ma'nene, o ceremonia de limpieza de cadáveres. Los ataúdes dañados se reparan o se reemplazan, y las momias se llevan por el pueblo en línea recta, en honor a la entidad espiritual Hyang.

**LA EDAD PAGA** El empresario moldavo Dmitry Kaminskiy ofrece un millón de dólares a la primera persona que viva hasta los 123 años.

**FIANZA DE TENIS** Jason Duval, de Framingham, Massachusetts, EE.UU., no podía pagar los gastos del tribunal y le ofreció al juez Douglas Stoddart su flamante par de tenis Nike® como prenda.

**MENSAJE MIXTO** Tras celebrar el matrimonio de Israel Silva e Ivy Koryne Smith el 11 de febrero de 2015, el juez de distrito Steven Cranfill sentenció al novio a 6-10 años de prisión. Silva había sido declarado culpable de robo, destrucción de propiedad ajena y conducir intoxicado; llevó un overol de color naranja y grilletes durante la ceremonia en Cody, Wyoming, EE.UU., y tuvo que permanecer a 5 metros de su novia.

**REUNIÓN POR CASUALIDAD** Dos mujeres nacidas de la misma madre en los años ochenta, pero adoptadas por diferentes familias, descubrieron que eran hermanas 30 años después cuando tomaron una clase de redacción de la Universidad de Columbia en la ciudad de Nueva York, EE.UU. Lizzie Valverde creció en Nueva Jersey, y Katy Olson se crió en Florida y Iowa. Ambas se fueron a Nueva York de adultas y se inscribieron en el mismo curso.

# Entierro tibetano en el cielo

## ¡Créalo!

Los llamados entierros en el cielo son un ritual funerario de la tradición budista Vajrayana que se practica en Tibet, Qinghai, Mongolia y Mongolia Interior. Después de la muerte, el cadáver no se toca durante tres días mientras los monjes tibetanos cantan a su alrededor. El cuarto día, se limpia el cadáver, se envuelve en tela blanca y se coloca en posición fetal sobre un camastro. Los lamas o sacerdotes encabezan una procesión fúnebre antes del amanecer hasta el mortuorio, donde el cuerpo se rompe en pedazos en un ritual para ofrecerlo a los buitres. Se cree que los buitres son Dakinis, el equivalente tibetano de ángeles, que se llevan el alma al cielo para que reencarne. Se anima a la gente a presenciar este ritual para que puedan enfrentar la muerte de manera abierta y aceptar lo efímero de la vida.

**ALTAS EXPECTATIVAS** Rossel Sabourin de Winnipeg, Manitoba, Canadá, le propuso matrimonio a su novia Shannon en una cena romántica para dos, con todo y mantel de lino y champaña en hielo, a 2,740 m de altura, en una montaña del Parque Nacional Banff en Alberta. Shannon caminó dos horas y media hasta el lugar, sin saber lo que le esperaba. Dijo que sí, y se casaron poco después.

**CAMAS ADYACENTES** Dave O'Callaghan y Jane Hammond nacieron el mismo día, el 26 de enero de 1955, en camas adyacentes del Hospital de maternidad Mowbray en Exeter, Devon, Inglaterra, pero solo se conocieron cuando tenían 18 años. Se casaron posteriormente y llevan juntos casi 40 años.

**GANGA DE CARIDAD** En 2014, Sean McEvoy, de Knoxville, Tennessee, EE.UU., pagó 58 centavos de dólar por un suéter en una tienda de beneficencia, pero cuando descubrió que lo había usado el entrenador de los Green Bay Packers Vince Lombardi, lo vendió en una subasta por 43,020 USD.

**NOVIA EN LA NIEVE** Minutos después de casarse en un hotel de esquiadores en Nueva York, Bob y Maria Reiland de Cleveland, Ohio, EE.UU., se unieron a 35 de sus invitados en las pistas de snowboard, y la novia todavía llevaba su vestido de bodas.

**LAS CUATRO CHARLOTTES** En 2015, las cuatro estilistas de una estética en Staffordshire, Inglaterra, se llamaban Charlotte. La gerente Charlotte Roberts abrió el salón VIP en 2009, y luego llegaron Charlotte Thatcher, Charlotte Horrocks y Charlotte Wagstaff.

**PELOTA MORTAL** Ryan-Morgan Freeman, de 10 años, encontró una bola de metal cerca de su casa en Derby, Inglaterra, y la usó para jugar futbol con sus amigos en una cancha de baloncesto. Sin embargo, cuando su padre vio la bola de metal, llamó a la policía. Resultó ser una bala de cañón de 374 años de la guerra civil inglesa, y llamaron de inmediato al escuadrón de bombas para hacerla explotar.

## MEMENTO MORI

Paul Koudounaris, de Los Ángeles, California, EE.UU., pasó una década visitando 250 sitios conmemorativos en 30 países en busca de restos humanos ocultos en sitios históricos, y documentó la forma en que las diferentes culturas honran a los muertos. Su libro *Memento Mori* incluye estos restos del siglo XIX conservados en un monasterio capuchino en Burgio, Sicilia, Italia.

# GEMELOS DESCONOCIDOS

Imagínese lo extraño que sería conocer a alguien exactamente igual a usted. Niamh Geaney, de 26 años, de Kerry, Irlanda, se propuso hacer precisamente eso. Recibió cientos de mensajes de todo el mundo, y en solo dos semanas encontró a alguien con un parecido sorprendente, ¡y sigue buscando! Niamh ha encontrado a otras dos "gemelas" suyas desde entonces y está ayudando a otros a encontrar a los suyos a través de su sitio web.

Niamh encontró primero a Karen, que vive a solo una hora en Louth, Irlanda.

La segunda "gemela" de Niamh es Luisa, de Génova, Italia. Cuando se reunió con la familia y los amigos de Luisa para tener una idea de cómo era, desde lejos la madre de Luisa pensó que Niamh era su hija.

## Ripley PREGUNTA

Ripley habla con Niamh acerca de los gemelos desconocidos.

**P** ¿Cuál fue la inspiración para los gemelos desconocidos?

**R** El tema de los doppelgängers es algo que siempre me ha interesado, pero esto tomó forma cuando la empresa de medios irlandesa VIP nos pidió a dos amigos y a mí que hiciéramos una prueba para ver si era posible encontrar gemelos desconocidos.

**P** ¿Cómo fue el encuentro con la primera "gemela"?

**R** Pensé que todo estaba bien, hasta unos diez minutos antes. Entonces empecé a ponerme ridículamente nerviosa; no sabía cómo iba a reaccionar al encontrarme con alguien igual que yo: ¡sería como ver mi propia cara! Durante todo el tiempo que nos vimos, solo me le quedaba mirando.

Irene de Sligo, Irlanda, fue la tercera "gemela" de Niamh.

## ¡Créalo!

**ROMPECABEZAS** Cada día, el contratista jubilado Michael Barry, de Bath, Somerset, Inglaterra, pasa horas armando rompecabezas donados a una tienda de beneficencia, para asegurarse de que no falten piezas. Desde que comenzó su trabajo voluntario en 2013, ha armado más de 300 rompecabezas, algunos de hasta 2,000 piezas, y a cerca de la mitad les faltaban piezas.

**ESCALADA NUPCIAL** Vestidos para su boda, Lu Chao y su prometida Zhang Chenyu escalaron un acantilado de 30 m de altura en la provincia de Shaanxi, China, y se aferraron a la roca durante tres horas mientras posaban para sus fotos de boda.

**POR UNA SALCHICHA** Un hombre llamado Bacon ["tocino", en inglés] fue arrestado en mayo de 2015 después de pelearse por una salchicha. La policía de Madison, Nueva Jersey, EE.UU., arrestó a Thomas Bacon por agredir a alguien que se comió la última salchicha.

**TRIUNFO PÓSTUMO** El demócrata Roger Freeman fue reelegido en noviembre de 2014 para la Legislatura del estado de Washington, EE.UU., en el Distrito 30, a pesar de que había muerto seis días antes de las elecciones.

**BOMBA DE PULGAS** En 1940, durante la Segunda Guerra Mundial, el ejército japonés bombardeó la ciudad china de Ningbo con pulgas portadoras de la peste bubónica, y provocó un brote grave que mató a más de 100 personas.

**ESCUELA DE CABALLEROS** Cuando lo encontraron blandiendo una espada de samurái de 70 cm en un parque en Bunbury, Australia Occidental, Guy Graham Jones les dijo a los policías que estaba entrenando para convertirse en caballero Jedi.

**13 HIJOS** En mayo de 2015, Jay y Kateri Schwandt, de Rockford, Michigan, EE.UU., le dieron la bienvenida a su hijo número 13: ¡y todos son varones!

**NO SOY JOHN** Cuando el sacerdote jubilado Neil Richardson se mudó a Raintree, Essex, Inglaterra, la gente empezó a llamarlo John, y años más tarde se dio cuenta de por qué la confusión cuando se topó con su doppelgänger, el director de escuela jubilado John Jemison. No solo eran los dos hombres casi idénticos, sino que descubrieron que habían ido a la misma universidad y habían trabajado como maestros de educación religiosa.

**UN VOLADO** Wilber Medina fue elegido alcalde de Pillpinto, Perú, en 2014 con un volado, después de que él y su rival José Cornejo empataran con 236 votos.

**DÍA DE SUERTE** Ken Broadwell, de 75 años, de Dubuque, Iowa, EE.UU., rascó dos tarjetas ganadoras el mismo día, el 23 de junio de 2015, una por 100,000 USD y la otra por 930 USD.

**FALTA UNA COMA** Andrea Cammelleri se libró de una multa porque a una ley de un pueblo de Ohio, EE.UU., le faltaba una coma. La ley de West Jefferson enumera los tipos de vehículos que no pueden estacionarse más de 24 horas, incluidos "vehículos de motor caravanas" sin coma entre "vehículos de motor" y "caravanas". Cammelleri argumentó con éxito que su camioneta no correspondía a esa definición.

# ¡SURF CON ESTILO!

Cuando se requiere de un estilo formal en la playa, Quiksilver ofrece el traje de neopreno True Wetsuit, por 2,500 USD, que parece un verdadero traje de negocios con corbata.

# Uno del REBAÑO

RIPLEY PREGUNTA ?

Le dimos a esta "cabra" la oportunidad de expresarse.

**P** *¿Por qué elegiste vivir como cabra?*

**R** *En realidad, primero quería ser un elefante, pero luego descubrí que son animales emocionalmente complejos e inteligentes, y decidí que eran casi como los humanos. Entonces fui a ver a un chamán, una especie de experto en relaciones entre hombres y animales, ¡y me dijo que debería ser una cabra!*

**P** *¿Cuál fue la reacción inicial del dueño de las cabras?*

**R** *Bueno, al principio no creía que yo pudiera seguirles el paso a las cabras al bajar de la montaña, a los pastizales del valle, donde iban a pasar el invierno. Pero cuando ya me iba, ¡me dijo que pensaba que el rebaño me había aceptado!*

**P** *¿Cuál fue la experiencia más extraña durante este experimento?*

**R** *Hubo un momento en que levanté la vista y vi que estaba en medio del rebaño: todas las cabras habían dejado de masticar y me miraban fijamente. Era como si hubiera "metido la pata" con algo, y sus cuernos me parecieron de pronto muy afilados. Fue aterrador, pero luego una cabra, que parecía haberse hecho mi amiga, caminó silenciosa entre la manada, que seguía mirándome, y alivió la tensión.*

**P** *¿Seguías teniendo preocupaciones humanas o estuviste libre de ellas?*

**R** *En la pradera, entre las cabras, me olvidé de todo por un tiempo, pero cuando empezó a llover y a hacer frío, y mi traje impermeable de alta tecnología resultó no ser tan impermeable, empecé a temblar y mis preocupaciones humanas volvieron al instante.*

**P** *¿Te habrías quedado más tiempo si las circunstancias lo hubieran permitido?*

**R** *Sí, sin duda, pero mis prótesis tendrían que haber sido mucho mejores, para poder vivir mi sueño y galopar por los campos, ¡disfrutando de la hierba!*

En septiembre de 2014, Thomas Thwaites, un diseñador de Londres, Inglaterra, decidió tomarse un descanso de la realidad y pasó tres días en los Alpes suizos… ¡como una cabra!

**T**homas usó prótesis para moverse "a cuatro patas" para convivir mejor con el rebaño, y consideró crear un rumen artificial (una parte del estómago de las cabras) para comer y digerir hierbas ¡con las bacterias reales del intestino de una cabra! Estudió la forma en que se comportan, se mueven y se comunican las cabras para prepararse para la experiencia, y visitó a un psicólogo de la conducta y a un neurólogo para aprender a "apagar" partes de su cerebro y pensar más como sus amigos de cuatro patas.

# 2 Mundo

# ILUMINACIÓN DE HIERRO

En Nuanquan, en el festival anual Da Shuhua en China, los valientes herreros caminan en medio de una lluvia de hierro fundido a 1,000 °C. La tradición comenzó hace más de 300 años cuando los herreros locales, que no podían pagar fuegos artificiales, comenzaron a fundir hierro y a arrojarlo a un enorme muro de piedra frío para producir espectaculares flores de hierro rojo que llovían sobre los hombres. Para agregar más color, usaban cobre y aluminio para crear chispas verdes y blancas.

**PERRO DETECTIVE** Un perro frustró una fuga en la isla griega de Corfú cuando oyó que los prisioneros cavaban un túnel. En una caminata matutina con su dueño, el perro escuchó sonidos extraños que provenían de debajo de la tierra, y ya no se quiso mover. Finalmente, el dueño llamó a la policía, que descubrió un túnel de varios metros de largo desde el ala B de la prisión de Corfú.

**DESVIACIÓN ÁRTICA** Entre los miles de personas que viajaron de Siria a Europa en 2015, más de 5,500 tomaron una larga desviación por un remoto cruce fronterizo en el Ártico, en el noreste de Noruega. Algunos llegaron en bicicleta, porque el puesto de Storskog en la frontera noruego-rusa no está abierto a los peatones.

**LOBO ROBADO** Un lobo disecado de 1.8 m de largo y 45 kg, con valor de 50,000 USD, fue robado de la casa de Charlotte Watts, nieta del baterista de los Rolling Stones Charlie Watts, de su casa en Londres, Inglaterra. La valiosa pieza de taxidermia es un lobo ártico, Frostbite, que murió en una pelea con otro lobo en el zoológico de Londres durante la Segunda Guerra Mundial.

**BACINICA VALIOSA** Una bacinica que perteneció a la emperatriz Isabel de Austria (1837–1898) se vendió por casi 5,000 USD en una subasta en Viena en 2015.

**ESPOSA DE CONTRABANDO** Un hombre trató de contrabandear a su esposa rusa en una maleta en la frontera entre Belarús y Polonia en 2015, solo para enterarse de que su esposa no necesitaba permiso para ingresar en Polonia. Los guardias fronterizos polacos sospecharon algo y le ordenaron que abriera la abultada maleta, y se sorprendieron cuando la mujer salió de ella. Al examinar los documentos de la pareja, vieron que el hombre era francés y por lo tanto tenía derecho a traer a su esposa a la Unión Europea por medios más cómodos y convencionales.

**BOLAS DE MUSGO** Miles de bolas cubiertas de musgo aparecieron de repente durante la noche en la playa Dee Why Beach, cerca de Sydney, Australia, en septiembre de 2014. Este raro fenómeno fue causado por el movimiento de las olas, que enreda las algas en bolas y las deposita en tierra firme.

**HOTELES DE ARENA** En las ciudades holandesas de Oss y Sneek se construyeron dos hoteles de arena de 8 m de altura, con todo y electricidad, agua corriente, ventanas de vidrio, camas king-size, alfombras suaves, baños de lujo e incluso Wi-Fi.

**EN LA FRONTERA** En la biblioteca y teatro de ópera Haskell, los visitantes pueden ver un espectáculo con un pie en Canadá y el otro en Estados Unidos. El edificio está en medio de la frontera que separa Stanstead, Quebec, y Derby Line, Vermont, con el límite marcado con una línea negra diagonal gruesa en el piso. La biblioteca tiene una entrada diferente para cada país, y por lo tanto dos direcciones y códigos de teléfono diferentes. Cualquiera que salga por la puerta que no sea por la que entró tiene que pasar con los oficiales de la aduana.

**SOLO MUJERES** Desde 1990, solo pueden vivir mujeres en la aldea keniana de Umoja; los hombres no pueden entrar.

# SIMULACRO CHINO

Esta no es la foto de un espectáculo; son estudiantes chinos que participan en un simulacro de incendio en la Escuela Vocacional de Nanhu, cerca de Shanghai, China. Durante el evento obligatorio en junio de 2015, los estudiantes tuvieron que evacuar el edificio y correr por una serie de marcos en llamas (las puertas) con servilletas en la boca para evitar la inhalación de humo. Una vez a salvo, los estudiantes tuvieron que apagar el fuego. El uso de fuego real en los simulacros es común en las escuelas chinas.

**HORROR DE HALLOWEEN** En 2015, el sitio web airbnb.com ofreció a los huéspedes la oportunidad de pasar una espeluznante noche de Halloween rodeados de huesos y calaveras humanos de hace 200 años en una sección de las catacumbas de París, Francia, una vasta red de túneles funerarios a 20 m de profundidad. A finales del siglo XVIII se pasaron ahí los restos de más de seis millones de personas después de que los atestados panteones de la ciudad se cerraron porque se pensaba que los cuerpos en descomposición habían echado a perder el vino y la leche.

**CASA FLOTANTE** Los canadienses Wayne Adams y Catherine King han vivido en una casa flotante autosuficiente frente a la costa de Tofino, Columbia Británica, Canadá, más de 20 años. Su casa, jardín, anexos e invernaderos para cultivar alimentos están construidos en 12 plataformas flotantes interconectadas por pasarelas de madera.

**COSTOSA PARED** Parte de una pared en el distrito de negocios de Melbourne, Australia, se vendió en una subasta en 2015 por el equivalente de más de 2.2 mdd. Los 117 metros cuadrados, con una valla publicitaria digital, forman el lado de un edificio que da al cruce peatonal más concurrido de la ciudad.

**MULTA DE TRÁNSITO** Christian Breier de Leipzig, Alemania, deliberadamente hizo que le impusieran una multa por exceso de velocidad solo para pedirle a su novia Anja Thomas que se casara con él. En Alemania, la policía envía una fotografía del conductor junto con el aviso de multa, así que levantó una pancarta que decía "¿Quieres casarte conmigo?" mientras pasaba ante una cámara cerca de su casa, y cuando llegó el aviso por correo, Anja lo abrió y vio la foto con la propuesta de matrimonio.

**PRINCESA ESTUDIANTE** La princesa Mako de Akishino, muy popular en Japón, se hizo pasar por una estudiante normal en la Universidad de Leicester, Inglaterra, durante un año. En Japón vivía una vida de lujo, pero en el Reino Unido vivió en una casa para estudiantes ordinaria mientras completaba su maestría.

# Carnaval de Basilea

Cada febrero, en el carnaval de tres días de Basilea (o Fasnacht) entre 15,000 y 20,000 personas enmascaradas participan en el festival más grande y popular de Suiza. Fasnacht comienza cada día a las cuatro de la mañana, cuando grupos de músicos en disfraces y máscaras se ponen a tocar en las calles. El festival está bien organizado, y solo los miembros de grupos reconocidos del carnaval pueden participar. Cada uno de los extravagantes e intrincados disfraces requiere de hasta 12 horas de trabajo, y suelen costar más de 500 USD. Durante los desfiles y las fiestas nocturnas, las personas no pueden quitarse las máscaras.

**MENSAJE DEMORADO** En 2015 se encontró en una botella un mensaje de hace un siglo; tardó 108 años en flotar 443 km por el Mar del Norte, desde el Reino Unido hasta Alemania. Era parte de las botellas que lanzó la Asociación de Biología Marina para estudiar las corrientes marinas y, de acuerdo con la promesa original, la mujer que la encontró recibió un chelín antiguo (12 peniques británicos), que compraron en eBay.

**MASCOTA CON SUERTE** Un hombre reservó todo el hotel Ocean Spring de cinco estrellas en Qingdao, China, por dos noches, como regalo de cumpleaños para su león marino. El animal tenía incluso su chef personal.

**ARDILLA AL ACECHO** Los policías de Bottrop, Alemania, detuvieron a una ardilla después de que una mujer se quejó de que la acosaba. Según la mujer, el roedor la perseguía agresivamente por las calles de la ciudad.

**HOMBRES MONO** Para librarse de los cientos de macacos que asedian los edificios del parlamento en Nueva Delhi, el gobierno contrató a 40 jóvenes en trajes de mono. Los hombres se hacen pasar por langures depredadores y hacen sonidos guturales fuertes y gestos intimidantes para asustar a los macacos, que han atacado al personal en busca de comida y han masticado los cables de Internet.

**A NARANJAZOS** Durante la batalla de Lepanto en 1571, la desesperada armada otomana arrojó naranjas y limones a los soldados católicos, cuando se les acabaron las municiones.

**UNO MENOS** Utilizando una gran cantidad de explosivos, un puente de 5.5 km de largo en la provincia china de Fujian fue demolido en solo cuatro segundos en 2015.

>¡Está vivo!

# Zorro fascinante

**En los últimos 40 años, una de las principales atracciones del zoológico de Karachi en Pakistán no ha sido un animal real, sino una criatura mítica llamada "Mumtaz Begum Africa Wali".**

Con cuerpo de zorro y cabeza de mujer, Mumtaz Begum entretiene a los visitantes hasta 12 horas al día con conversación ingeniosa y adivinación. En realidad, el espectáculo es una ilusión óptica: un hombre inserta su cabeza por una mesa junto al cuerpo disecado de un zorro. El zoológico ha determinado que los hombres pueden responder mejor al acoso y a los comentarios negativos, por lo que un actor que habla varios idiomas locales siempre hace el papel de la criatura. Murad Ali, de 33 años, es el Mumtaz Begum actual, y heredó el papel de su padre hace 16 años.

**SE MUEVE LENTO** Desde su descubrimiento oficial en 1930 hasta el momento en que dejó de considerarse un planeta en 2006, Plutón no ha completado una sola vuelta alrededor del Sol. ¡Cada vuelta tarda 248 años!

**CRÍMENES MENORES** La cárcel de Rodney, Ontario, Canadá, solo tiene dos pequeñas celdas, y su área total es de 24 m². Se construyó en 1890, y volvió a abrir sus puertas como centro de información para visitantes en 1995, después de haber estado cerrada más de 50 años.

**QUEJINCHE OFICIAL** La ciudad de Evansburg, en Alberta, Canadá, elige a un "cascarrabias oficial", que tiene permiso para quejarse, rezongar y criticar sin temor a represalias durante todo un año.

**PUEBLO ABANDONADO** Entre 1985 y 2010, el pueblo de Summerlands, con 183 casas y 774 lotes en Phillip Island, Australia, fue demolido y abandonado por orden del gobierno estatal de Victoria para proteger a una colonia de pingüinos.

**BUCEO DE ALTURA** En el lago Licancabur, Chile, es posible bucear a 5,916 m sobre el nivel del mar. El lago está en un cráter en el volcán Licancabur; mide 70 m de ancho y tiene una profundidad máxima de 8 m.

**TRES HUNDIDOS** Cuando tenía 15 años, el marinero británico Wenman Wykeham-Musgrave, sobrevivió a ataques con torpedos en tres barcos diferentes que se hundieron en una hora en la costa holandesa, el 22 de septiembre de 1914, durante la Primera Guerra Mundial.

**NUBE DE TORMENTA** En un vuelo de Massachusetts a Carolina del Norte, EE.UU., en 1959, el teniente coronel William Rankin, un experimentado piloto veterano de la Segunda Guerra Mundial y de la guerra de Corea, se expulsó de su avión a una violenta nube de tormenta. Los vientos lo mantuvieron en el aire durante 40 minutos, lanzándole granizo y tanta lluvia que a veces tenía que contener el aliento para no ahogarse en el aire.

**ZONA DE RADIACIÓN** El agricultor Naoto Matsumara, de 55 años, cuida animales abandonados en Tomioka, Japón, aun cuando los niveles de radiación son 17 veces más altos de lo normal. Cuando ocurrió el accidente de la planta nuclear de Fukushima Daiichi después del tsunami de 2011, 57,000 residentes huyeron, dejando a sus mascotas y ganado, y solo Matsumara, que había sido trabajador de la construcción, regresó.

**CASCADA INVERTIDA** Se han descubierto fumarolas submarinas a más de 3,810 m de profundidad en la cuenca de Pescadero en el lecho del Pacífico, en el sur del Golfo de California, con columnas de humo de 10.6 m y cascadas invertidas.

**MALETA VELOZ** La gente le da la bienvenida al Año Nuevo en Ecuador corriendo alrededor de la cuadra con una maleta vacía, lo que se supone trae suerte para poder viajar durante el año.

**CURIOSA COLECCIÓN** El museo de curiosidades Viktor Wynd en Londres, Inglaterra, tiene una colección de 77 cráneos de murciélago, un gato momificado, un cordero de dos cabezas, una cabeza humana encogida, la máscara mortuoria de Napoleón Bonaparte y una bola de pelo del estómago de una vaca.

▶▶ UN INODORO PORTÁTIL EN EL FESTIVAL DE PESCADO DE NEWLYN EN CORNUALLES, INGLATERRA, FUE TRANSPORTADO EN UN MONTACARGAS POR LA BAHÍA CON UNA MUJER TODAVÍA ADENTRO DE ÉL.

**MUNDO PEQUEÑO** Uno de cada cinco canadienses está emparentado con alguien que emigró al país y pasó por el muelle 21 en Halifax, Nueva Escocia, Canadá.

**CUIDADO DE LOS PIES** El 23 de enero de cada año es el día mundial de medirse lo pies. La idea es que la gente se mida los pies para asegurarse de que no estén apretados en zapatos de tamaño equivocado.

**POLÍTICA EXTRAÑA** En 2015, durante tres meses, para ahorrar dinero, la policía de Leicestershire, Inglaterra, solo investigó los intentos de robo en casas con números pares.

**ZARIGÜEYA DE AÑO NUEVO** En Brasstown, Carolina del Norte, EE.UU., la "capital mundial de la zarigüeya", se baja una zarigüeya en una caja transparente sobre una multitud, a medianoche, para marcar el Año Nuevo. El evento lo organiza el dueño de una tienda, Clay Logan, y hasta hace poco usaba un animal vivo, pero como la gente se quejó, usó una zarigüeya muerta en la caja para anunciar la llegada de 2015.

**ÁRBOL FLOTANTE** Un árbol ha estado flotando verticalmente en el lago Crater, Oregon, EE.UU., por más de 100 años. El "viejo del lago" es un tocón de 9 m de alto que sobresale aproximadamente 1.2 m de la superficie del lago de 592 m de profundidad, el lago más profundo de Estados Unidos. Blanqueado por el sol, el tocón se mueve mucho; en 1938 viajó más de 96 km en tres meses. Puede moverse 6.4 km en un solo día. El tocón se ha preservado bien en el agua limpia y fría del lago en lo que queda del volcán colapsado, el monte Mazama.

**ORGANIZADORES DE BODAS** Por un pago de 153,000 USD, la compañía de alquileres de lujo Oliver's Travels garantiza que habrá buen tiempo el día de la boda usando la técnica científica de siembra de nubes. Hasta una semana antes de la boda, la compañía contrata un avión para rociar las nubes con cristales de yoduro de plata para inducir la lluvia y hacer que las nubes se dispersen.

## Gloria marchita

Alguna vez de un brillante tono azul, la fuente termal Morning Glory en el Parque Nacional de Yellowstone, Wyoming, EE.UU., es ahora amarilla, anaranjada y verde. Ha sido víctima del vandalismo de los visitantes, que a lo largo de los años le han arrojado monedas, basura, piedras y otros desechos. Estos desechos han afectado la circulación del agua y la energía térmica, haciendo que las bacterias de color naranja migren hacia el centro, lo que ha alterado su apariencia.

Los habitantes de Kuban, Bali, tienen una antigua tradición en la que los muertos no se entierran ni se creman; simplemente se deja que se pudran. Cuando alguien del pueblo muere, su cuerpo, excepto la cabeza, se envuelve en tela blanca y se coloca en una de 11 jaulas triangulares de bambú en el cementerio de Trunyan. Después de que el cuerpo se descompone y solo quedan huesos, el cráneo se pone junto a un muro de piedra debajo de un gran baniano o "árbol de olor agradable", que neutraliza el hedor con una fragancia parecida al incienso.

# CALAVERAS APILADAS

33

# Templos de Angkor

Angkor Wat, que significa "ciudad de templos", en Camboya, se extiende 200 hectáreas, por lo que es uno de los mayores monumentos religiosos jamás construido. Cada estructura se construyó usando ladrillos de Khmer unidos de forma casi invisible con un compuesto vegetal, en lugar de mortero. Angkor Wat se construyó entre 1113 y 1150 d.C. como un grupo de templos hindúes dedicados al dios Visnú, y más tarde se convirtieron en templos budistas, en el siglo XIV. Se han descubierto más de 200 pinturas ocultas en la torre central de 65 metros de altura, utilizando tecnología de la NASA desarrollada para los rovers de Marte, que reveló murales antiguos de elefantes, deidades, barcos, músicos y gente a caballo, ¡invisibles a simple vista!

**TORNADO ASPIRADORA** En julio de 2015, un tornado succionó y se llevó por los aires 13,600 litros de agua de un estanque de jardín en Dorset, Inglaterra. El tornado dejó las carpas koi y los peces de colores de Celia Marker luchando por respirar en los pocos charcos que dejó.

**DIALECTOS LOCALES** No hay un idioma oficial escrito o hablado en Noruega. Hay tantos dialectos locales, ¡que la gente puede comprar diccionarios noruego-noruego!

**CONVENCIÓN DE SIRENAS** En la convención anual de seres acuáticos en Cary, Carolina del Norte, EE.UU., hasta 300 entusiastas se visten como sirenas y tritones, con colas que cuestan hasta 4,000 USD.

**PUEBLO HUNDIDO** El pueblo de Curon Venosta, Italia, se encuentra bajo el agua, pero su campanario sobresale de la superficie del agua. El pueblo se inundó para crear un lago artificial poco después de la Segunda Guerra Mundial. Durante el invierno, cuando el lago se congela, se puede llegar a la torre de la iglesia a pie.

**HOTEL PARA LLORAR** El hotel Mitsui Garden Yotsuya en Shinjuku, Japón, ofreció habitaciones especiales en 2015 para mujeres que querían aliviar el estrés. Las habitaciones tenían pañuelos desechables de lujo y una máscara de vapor para ojos, para evitar los ojos hinchados a la mañana siguiente.

**TURISMO FANTASMA** El pueblo balneario de Varosha en la costa de Chipre está completamente deshabitado, y se prohíbe la entrada al público. Lo evacuaron en 1974, después de que Turquía lo invadió, y ahora es un pueblo fantasma de hoteles vacíos de gran altura. Varosha había sido un importante destino turístico, que visitaron celebridades como Elizabeth Taylor, Raquel Welch y Brigitte Bardot.

# VOLEIBOL FRONTERIZO

Los residentes de Estados Unidos y México disfrutaron de un partido amistoso de voleibol en la frontera en abril de 2007 durante la "Fiesta Binacional", una celebración de buena voluntad que se organiza ocasionalmente desde 1979. Participó gente de Naco, Arizona, EE.UU, y Naco, Sonora, México, y usaron la valla fronteriza como red.

**BENDICIÓN AL BEBÉ** Cuando nace un bebé entre los wolof de Mauritania, en el norte de África, las mujeres lo bendicen escupiéndole en la cara, y los hombres le escupen en la oreja, y luego le frotan la saliva por toda la cabeza. Los wolof creen que la saliva humana tiene el poder de retener palabras y sentimientos.

**LIBROS MINIATURA** El Museo de Libros Miniatura de Bakú, en Azerbaiyán, tiene más de 5,600 libros miniatura de 67 países, entre ellos, una copia en miniatura del siglo XVII del Corán y un libro japonés de flores que solo puede leerse con una lupa.

**BATALLA DE COHETES** Cada Pascua, en la isla griega de Quíos, dos congregaciones rivales en la ciudad de Vrontados lanzan miles de cohetes caseros con el objetivo de atinarle al campanario de la iglesia opuesta. Algunos constructores de cohetes han muerto accidentalmente mientras se preparaban para la batalla.

**BAR DE LOS CUARENTA** Cahoots, un bar en Londres, Inglaterra, está diseñado para parecerse a un refugio de ataque aéreo de la Segunda Guerra Mundial de la década de 1940.

**GIGANTE DE LOS DEPORTES** El estadio de los Yankees, el Rose Bowl, Churchill Downs, el Coliseo de Roma y la Ciudad del Vaticano caben en el espacio de 102 hectáreas del autódromo Indianapolis Motor Speedway en Estados Unidos.

**ROBOT RECEPCIONISTA** La tienda departamental Mitsukoshi Nihonbashi en Tokio, Japón, tiene una recepcionista robot humanoide, Aiko Chihira, que recibe a los clientes y ofrece información de los diferentes pisos.

**MÁRMOL ÚNICO** Todo el mármol "Beulah rojo" en el mundo se usó en el edificio del Capitolio estatal de Colorado en Denver, EE.UU., o sea que si el mármol se daña, no puede reemplazarse a ningún precio. Se necesitaron seis años, de 1894 a 1900, para cortar, pulir e instalar el mármol rosado.

**CASA DE BOTELLAS** Hamidullah Ilchibaev construyó una casa en Chelyabinsk, Rusia, con 12,000 botellas de champaña vacías. Recogió botellas durante tres años para construir la casa de 99 metros cuadrados. Usó un cortador de vidrio para recortar las botellas y luego las apiló como ladrillos para formar paredes, uniéndolas con mortero.

# PISTA ALTA

La pista elevada en el Parque Washuzan Highland de Okayama, Japón, lleva la emoción de las montañas rusas al siguiente nivel, con un carro de pedales a una altura de cuatro pisos del suelo. El carro tipo bicicleta es para dos personas, cada una con pedales propios para controlar la velocidad. Los pasajeros solo necesitan ponerse sus cinturones de seguridad y guardar sus cosas en la canasta antes de iniciar un lento pero emocionante recorrido sobre terreno montañoso, hacia una vista espectacular del puente Shimotsui-Seto en el mar interior de Seto.

Estas imágenes muestran los escalones del malecón que conducen a la playa de arena antes de la marea alta (izquierda) y después de la marea alta (derecha), hasta una caída abrupta sobre las rocas.

Por primera vez en su historia, la playa Porthleven en Cornualles, Inglaterra, se quedó sin arena de la noche a la mañana por una fuerte marea el 21 de enero de 2015. Igualmente asombroso, la arena reapareció de manera natural en la playa solo unas horas más tarde. Este destino turístico en Cornualles normalmente cubierto de arena se convirtió en una playa rocosa llena de algas.

# ARENA VIAJERA

**ARCO IRIS LUNAR** Con luna llena en una noche clara, aparece un arco iris lunar desde la base de las cataratas de Cumberland en Kentucky, EE.UU., uno de los pocos lugares en el mundo donde puede observarse el fenómeno. Ocurre cuando la luz se refleja de la superficie de la luna y después se refracta de las gotas de agua en el aire.

**BUZÓN DEL MAR** La Gran Barrera de Coral tiene su propio buzón. Se encuentra en una plataforma flotante situada en Agincourt Reef en el Mar del Coral, a 72 km de la costa de Australia.

**SIGAN A ESA ENSALADA** La policía arrestó a tres hombres que habían entrado a robar un restaurante en Mount Morris, Nueva York, EE.UU., tras seguir un rastro de ensalada de macarrones. Los ladrones se habían robado un tazón grande de ensalada y se la iban comiendo mientras huían.

**LLUVIA DE GUSANOS** Miles de gusanos vivos cayeron del cielo en una gran área del sur de Noruega en abril de 2015. Los científicos creen que una tormenta los recogió y los transportó varios kilómetros.

**NARIZ ENTRENADA** Después de practicar seis horas todos los días durante tres años, Mohammed Khursheed Hussain de Hyderabad, India, puede usar un teclado para escribir una oración de 103 caracteres con su nariz en 47 segundos. Cierra un ojo mientras lo hace, porque le ayuda a localizar las teclas. También puede escribir todo el alfabeto inglés con los dedos en menos de 3.5 segundos.

**SARTENES DE LA SUERTE** En el sur de Italia, la gente celebra el Año Nuevo lanzando ollas, sartenes, ropa e incluso muebles viejos por las ventanas de arriba, para deshacerse de la mala suerte.

**RONDA SOLITARIA** El policía australiano Neale McShane ha pasado más de 10 años patrullando él solo el área de la remota ciudad de Birdsville, en Queensland, pero su último arresto fue en 2011. Esta área es del tamaño del Reino Unido, pero gran parte es desierto deshabitado.

**PRESOS MODELO** El primer departamento de policía de Australia, creado en Sydney en 1789, estaba formado por los 12 presos con mejor comportamiento de la ciudad.

## Ripley Investiga

En 1876, el ballenero *Velocity* descubrió en aguas territoriales francesas la pequeña isla del Pacífico Sur **Sandy Island**. El barco informó de "fuertes olas" e "islotes arenosos". Sin embargo, los científicos recientemente "descalificaron" a Sandy Island tras identificar una serie de errores que se remontaban a los viejos mapas en papel. Aunque ha aparecido en los mapas más de un siglo, Sandy Island nunca existió realmente.

# Ofrendas de cabello

**D**urante siglos, millones de peregrinos que visitan el pueblo de Tirumala en la India se han *afeitado* la cabeza en honor al dios hindú Visnú. El templo local de Sri Venkateswara recibe donaciones de al menos 20,000 devotos cada día y emplea a más de 600 peluqueros. El cabello se recoge, se clasifica y luego se subasta a fabricantes de extensiones de cabello en todo el mundo, lo que genera millones de dólares en ingresos. Los fondos se utilizan para reparar el templo y financiar la construcción de hospitales y escuelas, distribuir 30,000 comidas gratuitas diarias a los pobres y financiar orfanatos.

**MATRIMONIO PÓSTUMO** En Francia, uno se puede casarse legalmente con una persona muerta; se celebran cerca de 50 matrimonios póstumos al año. La legislación data de 1959, cuando se reventó una presa en el sur de Francia, y murieron 420 personas. Una mujer embarazada que perdió a su prometido estaba tan afligida, que el presidente Charles de Gaulle creó una ley que le permitió casarse con su amante muerto.

**TRABAJO A DISTANCIA** Durante siete años, Chris Bates representó oficialmente al territorio británico de ultramar Tristan da Cunha, una pequeña isla en el Atlántico Sur con 267 habitantes, mientras trabajaba desde su casa en Birmingham, Inglaterra, a 10,300 km de distancia. Se encargó de que les enviaran señales de paradas de autobús, lápidas, insignias de policía y silbatos de perros para los pastores; solo se puede llegar ahí tras siete días en barco desde Ciudad del Cabo, Sudáfrica.

**CASA PEÑASCO** Los diseñadores André Bloc y Claude Parent crearon una cabaña alpina suiza que parece un peñasco gigante. Esculpieron y pintaron con spray el exterior de la cabaña para que pareciera una roca áspera, y la llevaron en camión por las montañas suizas, y usaron una grúa para ponerla en su sitio. Con una puerta oculta y una diminuta ventana, se ve como parte del paisaje.

**NUEVAS ISLAS** En 2015, los cartógrafos determinaron que Estonia medía 100 kilómetros cuadrados más de lo que se pensaba, después de que se reconocieron oficialmente 800 nuevas islas en el Mar Báltico. El país tiene ahora 2,355 islas.

**DESTRUCTORES DE NIDOS** Para reducir el riesgo de que las aves golpearan los motores de avión durante un gran desfile militar en Beijing, las autoridades chinas usaron macacos entrenados para destruir nidos en los árboles cercanos a las áreas de entrenamiento de los pilotos. Cinco monos pueden quitar 60 nidos en un día.

**MILLONARIOS DE MONTANA** En 1888, gracias a la fiebre del oro, había más millonarios como porcentaje de la población en Helena, Montana, EE. UU., que en cualquier otra ciudad del mundo.

**AGUA CALIENTE** El agua ácida en el lago Frying Pan de 200 m de ancho en la Isla Norte de Nueva Zelanda mantiene una temperatura constante de 50-60 °C.

**SOBRE LAS CATARATAS** Luchando contra los fuertes vientos y el rocío de agua que apenas los dejaba ver, Reinhard Kleindl de Austria y Lukas Irmler de Alemania fueron las primeras personas que caminaron sobre una cuerda floja de 91 m de largo suspendida a 100 m sobre las cataratas Victoria en la frontera de Zimbabwe y Zambia.

**LA ISLA DE LAS MUÑECAS** Una pequeña isla en Xochimilco, México, está decorada con cientos de muñecas aterradoras, con piernas y brazos cortados, cabezas decapitadas y ojos en blanco. Cuenta la leyenda que cuando una joven murió en uno de los canales, las muñecas empezaron a aparecer en la orilla. El único habitante de la isla, Julián Santana Barrera, comenzó a colgar muñecas en los árboles en memoria de la joven, y aunque murió en 2001, los visitantes siguen llevando muñecas.

# OASIS EN HUACACHINA

**E**n medio de un desierto en Perú se encuentra Huacachina, un oasis tropical donde viven unas 100 personas, y un destino codiciado por los turistas. Declarado patrimonio cultural de la nación, un lago natural se encuentra en el centro de Huacachina, a 4 km de la ciudad de Ica. Los visitantes del "Oasis de América" disfrutan de los carritos buggy y el sandboarding en las dunas de arena esculpidas por el viento, además de visitar los hoteles rústicos y las pintorescas tiendas.

**EXTRAÑA COLECCIÓN** La catedral de Canterbury, en Kent, Inglaterra, alberga innumerables curiosidades recolectadas por el viajero del siglo XVII John Bargrave, incluido un camaleón encurtido en brandy, el dedo momificado de un francés, un diente de hipopótamo y un modelo anatómico de 12 piezas de un ojo humano.

**MOTEL TEMÁTICO** El motel Eden en Kaohsiung, Taiwán, tiene habitaciones con temas de *Batman*, *El mago de Oz*, la película de horror *La momia*, e incluso un cuarto de prisión de Alcatraz, con barras, esposas y alambre de púas.

**CADÁVERES** En el noreste de China se encontraron 97 esqueletos humanos en 2015, en una casa de 5,000 años de antigüedad de solo 19.5 metros cuadrados.

**ATAÚD CONGELADO** Después de que su esposa, Yang Huiqing, murió en diciembre de 2014, Jiang Maode no podía estar sin ella, así que durante meses conservó su cuerpo en un ataúd congelado en su casa en Sichuan, China.

# Prueba de confianza

**E**l 25 de mayo de 2015, cientos de estudiantes de una escuela de enfermería se presentaron a su examen final completamente sin supervisión en un aula exterior en Baoji, provincia de Shaanxi, China. Los exámenes sin supervisión son una preocupación creciente en China, donde el estresante sistema educativo basado en calificaciones ha inspirado el lucrativo negocio de las personas que hacen el examen por otras.

# Batalla de las NARANJAS

Cada año, la pequeña ciudad norteña de Ivrea, Italia, celebra el Carnevale di Ivrea, donde se hace una representación de una batalla histórica entre los habitantes de la ciudad y un gobernante opresivo usando más de medio millón de naranjas frescas en una batalla de naranjas (*Battaglia delle Arance*). La batalla comienza el domingo antes del Miércoles de Ceniza: los hombres del tirano usan trajes de bufón y se pasean en carros tirados por caballos, y los "plebeyos" luchan desde el suelo con coloridos uniformes. Casi 100,000 espectadores acuden a ver la competencia entre nueve escuadrones, con casi 4,000 participantes.

## CUMPLEAÑOS EXTENDIDO

El alemán Sven Hagemeier celebró su cumpleaños número 26 durante 46 horas al volar desde Auckland, Nueva Zelanda, a Brisbane, Australia, para luego viajar a la línea internacional de cambio de fecha en Hawái. El tiempo real de vuelo fue solo de unas 13 horas, pero al cambiar de zonas horarias, duró casi dos días.

## COMIDA COMPARTIDA

Cuando Fethullah Uzumcuoglu y Esra Polat se casaron en Kilis, Turquía, en 2015, compartieron su fiesta de bodas con 4,000 refugiados sirios.

## CONTACTO EN EL ESPACIO

El radioaficionado Adrian Lane hizo una llamada desde su cobertizo en Gloucestershire, Inglaterra, a la Estación Espacial Internacional. Pasó 50 segundos conversando con un astronauta estadounidense mientras la estación espacial volaba a 320 km de distancia a una velocidad de 30,000 km/h.

**NOVIOS AÑEJOS** Los novios en una boda en el Reino Unido tenían una edad combinada de 194 años. George Kirby, de 103 años, se casó con Doreen Luckie, de 91 años, en Eastbourne, Inglaterra, el 13 de junio de 2015.

**ANILLOS OLÍMPICOS** Los anillos olímpicos de 50 toneladas colgados a 40 m en el puente de la bahía de Sydney durante los Juegos Olímpicos de Australia 2000 se vendieron luego en eBay por $17,000 USD.

**RECOLECTOR DE HIELO** Al menos una vez a la semana, Baltazar Ushca, de 68 años, sube caminando casi 4 kilómetros y medio en cinco horas para recoger hielo en el Monte Chimborazo en Ecuador. Siguiendo la tradición familiar, usa un pico para cortar hielo de una cueva y luego forma bloques, que vende en unos 2.50 USD cada uno, o sea que rara vez gana más de 25 USD a la semana. Solo mide metro y medio de estatura, pero puede cargar dos bloques de 30 kg en sus hombros.

**RESCATE DE LA LAVADORA** Los bomberos de Sydney, Australia, rescataron a un hombre de 22 años que se quedó atorado tres horas en una lavadora en su casa. Toda la parte inferior de su cuerpo se atascó en el tambor del aparato, y tardaron más de una hora en sacarlo.

**LARGA ESPERA** Ah Ji, un taiwanés de 47 años, ha estado esperando más de 20 años que su cita aparezca. Como se niega a creer que lo rechazaron, permanece en la estación de tren de Tainan, donde iba a verse con su novia en 1995.

**LADRONES ASUSTADOS** Unos ladrones torpes que entraron en una casa en Derby, Inglaterra, huyeron gritando después de que la mascota del dueño, un cerdo vietnamita de 108 kg llamado Ludwig, se enfrentó a ellos.

**LEVANTAMIENTO DE CAMELLO** En Chelyabinsk, Rusia, en marzo de 2015, Elbrus Nigmatullin levantó un camello adulto de 700 kg que estaba sobre una plataforma de 200 kg, y sostuvo todo en alto durante 44.78 segundos. Dos meses más tarde, en la misma ciudad, tiró de una casa de madera de 30 toneladas, de dos pisos, por una pista de 3 m.

**DOCTORES TRILLIZOS** Nacidos con ocho minutos de diferencia el 22 de septiembre de 1999, los trillizos Saugat, Saujan y Sauraj Devkota de Chitwan, Nepal, pasaron sus exámenes para convertirse en médicos en 2015.

**LLUVIA DE HIERRO** Científicos de Nuevo México, EE.UU., descubrieron que hace cuatro mil millones de años la Tierra fue alcanzada por metal vaporizado que cayó del cielo en forma de lluvia de hierro.

**REUNIÓN FAMILIAR** Después de que se la robaron de brazos de su madre cuando era bebé, Zephany Nurse encontró a sus padres 17 años después, cuando terminó en la misma escuela que su hermana biológica. Los estudiantes de la secundaria en Ciudad del Cabo, Sudáfrica, notaron la sorprendente similitud entre Zephany y Cassidy, de 14 años; cuando invitaron a Zephany a conocer a los padres de Cassidy, estos la reconocieron de inmediato. Las pruebas de ADN confirmaron su verdadera identidad.

**MONJE MOMIFICADO** Los restos de 200 años de un monje meditando se descubrieron en Mongolia en 2015, con el cuerpo todavía sentado en una posición de loto. La reliquia humana se había preservado bajo piel de vaca.

**SALVAVIDAS** El policía jubilado Yukio Shige patrulla todos los días los acantilados de Tojinbo en la prefectura de Fukui, Japón, un lugar notorio por sus suicidios, y en la última década ha evitado que más de 500 personas se suiciden.

**CRUZÓ EL ATLÁNTICO** En 1973, John Soutar lanzó un mensaje en una botella al Mar del Norte frente a la costa este de Escocia, y 41 años después se encontró en Jones Beach, Nueva York, EE.UU., a 5,311 km de distancia.

## Precisión militar

En septiembre de 2015, los estudiantes de primer año del Instituto de Administración de la Industria Aeronáutica en Zhengzhou, Henan, China, equilibraron botellas de agua en sus cabezas durante su entrenamiento militar obligatorio. Este ejercicio ayuda a que los estudiantes se mantengan en posición de firmes sin moverse.

# Al borde del abismo

Ubicado a 2,835 m sobre el nivel del mar en forma de saliente de un acantilado de glaciar, el Bivacco Gervasutti es un refugio con energía solar y acceso a Internet, para los escaladores cansados.

Inaugurado en 2012, este refugio en forma de tubo se encuentra a plena vista en las montañas Grandes y Pequeñas Jorasses, en el lado italiano de los Alpes. Cada segmento del refugio de 30 metros cuadrados y 2,500 kg de peso tuvo que transportarse en helicóptero, y se armó en el sitio mismo. Los viajeros deben recorrer terreno escarpado y campos de nieve, y luego descender por una peligrosa superficie para llegar.

**CONSTRUCCIÓN LENTA** El Duomo, la catedral de Milán, Italia, tardó más de 500 años en construirse, y tiene 135 chapiteles y más de 3,000 estatuas.

**LÍMITES DE LA CIUDAD** Honolulu es técnicamente la ciudad más grande del mundo; abarca una distancia de 2,400 km, la misma que de Los Ángeles, California, a Minneapolis, Minnesota, EE.UU. Según la constitución del estado de Hawái, cualquier isla que no pertenezca a un condado se considera parte de Honolulu. Por ello, todas las islas, excepto Midway en el archipiélago hawaiano, son parte de Honolulu, que por lo tanto se extiende hasta las islas del noroeste de Hawái.

**PULGARES OCULTOS** Si caminan por un cementerio o ven pasar una carroza fúnebre, los japoneses ocultan sus pulgares en sus pantalones. Se cree que esto protege a sus padres de la muerte, porque la palabra japonesa para "pulgar" se traduce literalmente como "dedo padre".

> ▶▶ **PARA HONRAR SU HISTORIA, LA CIUDAD ALEMANA DE BERCHTESGADEN CONVIRTIÓ SU ANTIGUA MINA DE SAL EN UNA ATRACCIÓN TURÍSTICA, CON TOBOGANES, TRENES E INCLUSO UN ESPECTÁCULO DE LÁSER.**

**PIEDRA DE DIENTES** En Elkhart, Indiana, EE.UU., hay una piedra conmemorativa que tiene muchos dientes humanos. La piedra fue creada por el dentista local Joseph Stamp, que durante sus 60 años de trabajo, guardó casi todos los dientes que extrajo y los preservó en un barril con productos químicos en su sótano. Cuando su perro, un pastor alemán llamado Prince, murió en la década de 1950, el Dr. Stamp creó un bloque de concreto con los dientes incrustados, en su memoria. Fue agrandando la piedra cada vez que juntaba un nuevo lote de dientes, hasta su muerte en 1978.

**DÍAS DE NIEBLA** La comunidad de Argentia en Terranova, Canadá, tiene un promedio de 206 días de niebla al año; el aire caliente de la corriente del Golfo choca con la corriente de Labrador, mucho más fría. Cuando esto pasa, el vapor de agua en el aire caliente se enfría repentinamente y se condensa, lo que forma la niebla.

## Rueda de la fortuna en forma de ocho

En 2015, se inauguró en China la primera rueda de la fortuna en forma de ocho. Situada en el casino de 3,200 mdd Studio City de Macao, la rueda está a 130 m de altura, lo que la convierte en la más grande de Asia. Desde ella se disfrutan espectaculares vistas de la ciudad y el Mar de China Meridional durante el recorrido de 15 minutos en cabinas con temática steampunk, a 23 pisos de altura.

**DESCARADO** El rostro de Thomas Jefferson en el Monte Rushmore se empezó a tallar del lado opuesto de George Washington, pero después de 18 meses, los trabajadores se dieron cuenta de que el granito era demasiado débil. Por eso, usaron dinamita para quitar la cara de un lado y luego la tallaron en el otro.

**CAPILLA EN EL JARDÍN** Jon Richards pasó dos años y medio construyendo una réplica en miniatura de su iglesia local en su jardín en Warwickshire, Inglaterra, con todo y vitrales, una estatua de bronce de Jesús, bancas antiguas, libros de oraciones y un tapiz de *La Última Cena*. En la capilla de 3.7 x 2.4 m caben 12 personas.

**PELO MODELO** Una vez al mes, el futbolista portugués Cristiano Ronaldo envía a su estilista personal para que cepille el cabello de su escultura de cera en el Museo de Cera de Madrid. La figura de Ronaldo en el museo tiene cabello natural importado de la India, y el jugador quiere asegurarse de que siempre se vea bien arreglado.

**CAÑÓN REMOTO** El cañón Yarlung Tsangpo en Tibet es tres veces más profundo que el Gran Cañón en Estados Unidos, pero es tan remoto, que ningún extranjero lo exploró hasta la década de 1990.

**POR EL INODORO** La población mundial usa cada día el equivalente de 27,000 árboles en papel de baño.

# Edificio DE LOTO

La mayoría de los edificios de oficinas tienen una buena vista, pero el "edificio de loto", que florece deslumbrante en el centro de Wujin, China, es la vista. Diseñado y construido en 2013 en un lago artificial por el despacho de arquitectos australiano Studio 505, este edificio de gobierno único toma su nombre y su forma de la flor de loto, y muestra las tres etapas de la vida de la flor, desde el capullo hasta la floración abierta. El edificio está diseñado con eficiencia energética y gran belleza. El suelo debajo del edificio se preenfría en el verano y se precalienta en el invierno para ayudar a los sistemas de aire acondicionado.

**HORA EQUIVOCADA** El Big Ben, la gran campana dentro de la torre del reloj del palacio de Westminster en Londres, Inglaterra, sonó con hasta seis segundos de retraso durante dos semanas en agosto de 2015. Durante más de 150 años, el reloj, diseñado con una tolerancia máxima de 1.5 segundos, ha sido utilizado por personas en todo el Reino Unido como referencia confiable, aunque en 1949 se atrasó cuatro minutos y medio después de que unos estorninos se posaron en el minutero.

**MUÑECAS EMBRUJADAS** Katrin Reedik de Glasgow, Escocia, ha gastado milesz de dólares en lo que según ella son muñecas embrujadas. Cree que cada muñeca de su colección de 13 está poseída por el espíritu de una persona muerta, incluida una mujer que murió en un accidente de avión, otra que murió a los 103 años y una ex bruja. Dice que una vez, las muñecas comenzaron un incendio en su departamento, y ahora contrata a una niñera cuando está fuera, porque tiene miedo de dejarlas solas.

**PATINADOR EN MOTOSIERRA** El patinador sueco Erik Sunnerheim inventó el deporte de patinaje de motosierra. Usa los afilados dientes de una motosierra para propulsarse por un lago helado, pero con tal destreza que no corta a través del hielo.

**TAXISTA ENGAÑADO** Dos hombres le quedaron a deber a un taxista británico 200 USD tras dejar a un maniquí completamente vestido, con todo y sombrero, en su taxi y decirle que era su amigo dormido. El taxista recogió a los pasajeros nocturnos en Brighton, a más 80 km de Londres. Cuando se bajaron, le dijeron al taxista que su amigo dormido le pagaría al llegar a su destino. Cuando el taxista llegó a la dirección indicada y trató de despertar al amigo, descubrió que era un maniquí.

**ESPAÑOL VIEJO** En algunos pueblos aislados de Nuevo México, EE.UU., los descendientes de los conquistadores españoles hablan todavía una variedad de español del siglo XVI que no se habla en ninguna otra parte.

**¡SUCCIÓN DE PELOS!** En febrero de 2015, los bomberos rescataron a una mujer en Changwon, Corea del Sur, después de que una aspiradora robot aspiró su pelo mientras dormía.

**NO ESTABA MUERTA...** Once horas después de que un médico la declarara muerta, Janina Kolkiewicz, de 91 años, de Ostrow Lubelski, Polonia, despertó en una morgue quejándose de que tenía frío.

>¡No se cae!

# Establo estable

Un hotel para ocho personas llamado Balancing Barn (establo en equilibrio) en Suffolk, Inglaterra, parece colgar precariamente de un borde. La construcción de diseño voladizo de un piso, cubierta de azulejos de plata, tiene 30 m de largo, pero la mitad cuelga sobre una pendiente empinada con nada debajo, como un subibaja.

**CUATRO MÁS** Annegret Raunigk, profesora jubilada de Berlín, Alemania, dio a luz a cuatrillizos a los 65 años, con lo que tuvo en total 17 hijos.

**PERFUME DE... HAMBURGUESA** En Japón, Burger King® vendió una colonia de edición limitada con olor a hamburguesa a la parrilla. La fragancia "Flame Grilled", que incluía una hamburguesa, costaba 40 USD.

**GUILLOTINAS DE JUGUETE** Las guillotinas de juguete que decapitaban muñecas fueron populares entre los niños durante la Revolución Francesa.

**RÁFAGA DE RISAS** El comediante Clive Greenaway de Dorset, Inglaterra, contó 26 chistes en 60 segundos frente a un público en vivo, que se rió de cada uno. También puede hacer 18 trucos de magia en 60 segundos con los ojos vendados.

**TUMBA DE ULTRATUMBA** Un arqueólogo descubrió en 2014 la tumba de un supuesto vampiro del siglo XIII en Perperikon, Bulgaria. El esqueleto tenía una estaca clavada en el pecho, un método que, como todo el mundo sabe, sirve para matar vampiros.

# EMBOSCADA DE MUSGO

**D**urante más de 600 años, los participantes en la procesión conocida como "Los hombres de musgo" en Béjar, España, han llevado trajes de musgo para celebrar una victoria religiosa del siglo XII. Esta antigua tradición conmemora la leyenda que dice que los cristianos recuperaron la ciudad usando musgo de los bosques locales como camuflaje al atacar una fortaleza musulmana en la oscuridad.

**MOTO VOLADORA** El temerario finlandés Antti Pendikainen saltó en una moto de nieve desde el borde de una montaña de 1,500 m de altura en Suecia. Sujetó un paracaídas a la moto de nieve con cinta plateada para el vuelo de cuatro minutos.

**HISTORIA REESCRITA** La línea del meridiano de Greenwich, en Londres, Inglaterra, divide los hemisferios oriental y occidental a cero grados de longitud, pero ha estado en el lugar equivocado durante 131 años. En 2015, los investigadores descubrieron que la línea de acero, un popular destino turístico, no debería estar en el Observatorio Real, sino a 102 metros al este, dentro de una pequeña cafetería.

**FUENTE DE CARACOLES** La fuerte lluvia que cayó en una playa de Exmouth, Devon, Inglaterra en julio de 2015 causó un hundimiento de 4.5 m de ancho y 4.5 m de profundidad, que arrojó agua y caracoles al aire.

**DE TIN MARÍN** Después de comprar boletos para un viaje alrededor del mundo con su novia Elizabeth Gallagher, Jordan Axani de Toronto, Ontario, Canadá, rompió con ella, pero como no quería perder los boletos no reembolsables, buscó a otra mujer canadiense que se llamara Elizabeth Gallagher para que tomara su lugar. Su petición en línea atrajo docenas de respuestas, incluidas las de algunas mujeres dispuestas a cambiar de nombre, pero finalmente eligió a Elizabeth Quinn Gallagher, una estudiante de Cole Harbour, Nueva Escocia, como acompañante en el viaje de tres semanas.

**BODA DE ROBOTS** Cien invitados asistieron a una boda entre dos robots humanoides en Tokio, Japón. El novio, Frois, un robot rojo y plateado que llevaba una corbata de moño, selló la unión extendiendo un disco plateado de su boca para besar a la novia, Yukirin, que llevaba un vestido blanco largo con un moño de seda.

**CAÑÓN DE PLUTÓN** Hay cañones en la luna de Plutón, Caronte, de hasta 9.7 km de profundidad, seis veces más que el Gran Cañón en EE.UU.

**MUÑECA ÚNICA** Una muñeca extraordinariamente realista de una niña con orejas perforadas se vendió en una subasta en Londres, Inglaterra, por 341,016 USD en 2014. Se cree que la muñeca de principios del siglo XX, hecha por los fabricantes alemanes Kammer y Reinhardt, es única por sus orejas perforadas, y tal vez se haya hecho con un molde experimental.

**RARO ARCO IRIS** Mientras esperaba un tren en la estación de Glen Cove en Long Island, Nueva York, EE.UU., en abril de 2015, Amanda Curtis fotografió un arco iris cuádruple, algo muy raro. Solo se han registrado unos cuantos en los últimos 250 años.

# HIELO GIGANTE

El podador de árboles Garrick Moreland creó un carámbano de 13.7 m de altura en el patio de la casa de su madre, Katherine Ragel, cerca de St. Elmo, Illinois, EE.UU., durante el invierno de 2014-2015. Cuando bajó la temperatura, subió al árbol con una manguera y abrió el agua. El carámbano tenía también un maniquí del personaje Elsa de la película de Disney® Frozen.

**LAGO PERDIDO** Cada verano, toda el agua del lago Lost, de 2.7 m de profundidad en Oregon, EE.UU., desaparece por un orificio, como el agua en una bañera. El fenómeno natural se debe a dos cámaras de lava huecas en el fondo del lago de 34 hectáreas. Por ahí se drena constantemente el lago, pero como hay menos lluvia en verano para reponer el agua perdida, se seca por completo.

**HOTEL TITANIC** Un nuevo hotel en Turquía está inspirado en el malhadado *Titanic*. El Titanic Beach Lara recrea el lujo del transatlántico, que se hundió en 1912; los huéspedes pueden pasearse por réplicas de las cubiertas y mirar a través de las ventanas redondas de sus habitaciones. Tiene incluso sus propios botes salvavidas.

**TORMENTA DEL DESIERTO** Una tormenta de arena de siete días, casi del tamaño de Estados Unidos, barrió la península arábiga en abril de 2015, y cubrió la región con nubes de espeso polvo amarillo.

**GÁRGOLA DE HONOR** El director de escuela jubilado Richard Shephard, que estuvo a cargo de la Minster School de York, Inglaterra, durante 19 años, fue honrado en 2015 con una gárgola de piedra con su efigie en el histórico edificio de la catedral de York. La figura lo representa dirigiendo música, apuntando hacia la escuela.

**TOBOGÁN EN ESPIRAL** El hotel RedDot de Taichung, Taiwán, instaló un tobogán de 30 m en espiral para que los huéspedes con prisa en el segundo piso bajen al primero. Se construyó con 102 láminas de acero inoxidable.

**MUSEO DE GUERRA** El Museo del Chemical Corps del ejército de Estados Unidos en Fort Leonard Wood, Missouri, tiene más de 6,000 artefactos de guerra química.

**MONTAÑA DE NIEVE** Después de una tormenta que dejó a Buffalo, Nueva York, EE.UU., bajo más de dos metros de nieve en noviembre de 2014, se creó una montaña de nieve de cinco pisos de altura en un lote abandonado con 11,000 viajes de camión. Ocho meses después, en julio de 2015, a pesar de que la temperatura había superado los 27 °C, parte de la nieve aún no se había derretido.

**AGUA PERDIDA** Marte ha perdido todo un océano de agua. Aunque su superficie es ahora fría y seca, los nuevos mapas de agua en su atmósfera revelan que hace miles de millones de años cerca del 20 por ciento de Marte estaba cubierto de ríos, lagos y mares.

**SALTO AL TORO** En la tribu Hamer de Etiopía, los jóvenes prueban que son adultos corriendo, saltando y aterrizando en el lomo de un toro, y luego tratan de correr por los lomos de varios toros.

**PUEBLO SUMERGIDO** El pueblo de Villa Epecuén, Argentina, fue una vez un popular centro turístico que se inundó en 1985 con agua salada después de que se reventó una presa cercana, y durante un cuarto de siglo quedó debajo de hasta 10 m de agua. Cuando el agua bajó lentamente, y quedaron expuestas las ruinas de la ciudad, solo un residente, Pablo Novak, regresó a vivir ahí.

## Яetomado

# Hotel de hielo

El lujoso hotel de hielo en Quebec, que se presentó en el libro anual de *¡Aunque usted no lo crea!*, de Ripley de 2014, sigue ofreciendo a sus huéspedes acogedores iglús. Cada año se reconstruye con 30,000 toneladas de nieve y 500 toneladas de hielo a orillas del Lac Saint Joseph. Abre de enero a marzo; los huéspedes duermen en colchones sobre bloques de hielo y se mantienen calientes con forros polares y pieles de ciervo. Con una temperatura promedio de -3 °C, el hotel también tiene galerías de arte en hielo, un bar de hielo e incluso una capilla de hielo.

## ESTACIONAMIENTO DE ALTURA

Hamilton Scotts, un condominio de lujo de 30 pisos en Singapur, permite que los residentes estacionen sus coches en sus balcones, a menudo a decenas de metros sobre la calle. Cada departamento tiene espacio para dos coches, separado de la sala por un muro de vidrio. Los conductores estacionan sus vehículos en la planta baja dentro de un ascensor de carga transparente que lleva los coches hasta el piso deseado.

**PARAGUAS SIEMPRE** Llueve en promedio 330 días al año en Ocean Falls, Columbia Británica, Canadá, lo que produce más de 4.39 m de lluvia.

▶▶ LA PRESA HOOVER TIENE 2,480,000 METROS CÚBICOS DE CONCRETO, SUFICIENTE PARA PAVIMENTAR UNA CARRETERA DE DOS CARRILES DE SAN FRANCISCO A NUEVA YORK.

**BATALLA DE SANGRE** Cada año, en mayo, como parte de un antiguo festival, hombres, mujeres y niños nahuas en Guerrero, México, se enfrentan a puñetazos en la calle. Toda la sangre que derraman se recoge en cubetas y se usa para regar sus tierras. Los habitantes creen que el ritual garantiza la lluvia y excelentes cosechas.

**PRIMERA LLUVIA** Cuando cayeron 0.7 mm de lluvia en Phoenix, Arizona, EE.UU., el 5 de junio de 2015, fue la primera vez que llovió oficialmente en esta ciudad del desierto en la historia registrada.

**VOLCÁN DE HIELO** Varios días con temperaturas bajo cero en febrero de 2015 convirtieron un géiser en el parque estatal Letchworth en Nueva York, EE.UU., en un volcán de hielo de 15 m de altura. El géiser se congeló como un cono de hielo de varios metros de espesor, pero el agua seguía saliendo por arriba.

**MUDANZA** Adam y Sarah Howard no pudieron encontrar una propiedad que les gustara, por lo que mandaron desmantelar su antigua casa de estilo georgiano de cinco recámaras en Wiltshire, Inglaterra, para reconstruirla, ladrillo a ladrillo, en su nueva ubicación en el condado vecino de Gloucestershire, a 48 km de distancia.

**RÍO CORTO** El río Roe en Great Falls, Montana, EE.UU., mide solo 60 m de largo y hasta 2.4 m de profundidad en algunos lugares. Se puede recorrer en un minuto.

**TECHO DE COBRE** La cantidad de cobre en el techo del edificio del Capitolio estatal de Arizona en Phoenix, EE.UU., es equivalente a 4,800,000 monedas de un centavo.

# @ en el mundo

En checo, el símbolo @ se llama "zavinác" [se pronuncia zavinach], que significa **ARENQUE ENCURTIDO ENROLLADO**.

Los franceses a veces llaman al símbolo @ "petit escargot", o **CARACOLITO**.

Los finlandeses llaman al símbolo @ "miuku mauku", porque parece un **GATO ACURRUCADO**.

Los húngaros llaman al signo @ "kukac" [se pronuncia kukats], que significa **GUSANO**.

## Plantas en @ ➡

Para ayudar a PURIFICAR AGUA, un granjero local en Jiaxing, China, decidió plantar tres tipos de plantas acuaticas en forma del símbolo de arroba.

Los holandeses, los alemanes y los polacos le dicen al símbolo @ **MONO O COLA DE MONO**.

En Suecia y Dinamarca, el término más común para el símbolo @ es "snabel-a" o "a con **TROMPA DE ELEFANTE**".

En ruso, el símbolo @ suele llamarse "sobachka" [se pronuncia sabachka], que significa **PERRITO**.

# PADRES TRAMPOSOS

Los difíciles exámenes de décimo grado de la India pueden tentar a los estudiantes a hacer trampa, pero en marzo de 2015, varios padres también pusieron su granito de arena, escalando el exterior de la escuela para pasarles "acordeones" a sus hijos. La policía de Bihar, India, detuvo a unos 24 padres, y expulsaron a unos 600 estudiantes de secundaria por hacer trampa. Los estudiantes deben aprobar este examen para continuar con su educación media superior.

**CASA HISTÓRICA** La granja Grange de nueve recámaras en Warwickshire, Inglaterra, no cambió en 70 años. El granjero Jack Newton y su hermana Audrey se mudaron en la década de 1940, pero como estaban en contra de casi todas las innovaciones modernas, cuando la casa se puso en venta en 2015 después de su muerte, nada había cambiado en esas siete décadas. Había instrumentos musicales y partituras de la década de 1920, osos de peluche y máquinas de escribir antiguos, e incluso un kit de amputación de la guerra.

**ÚNICA RESIDENTE** Elsie Eiler es la única habitante del pueblo de Monowi, Nebraska, EE.UU, y es la alcaldesa, bibliotecaria y dueña del bar. La población era de 150 en la década de 1930, pero los jóvenes se fueron a las ciudades en busca de mejores trabajos, y desde que su esposo Rudy murió en 2004, ha sido la única residente.

**ISLA TÓXICA** El gobierno japonés solo permite que adultos mayores de 19 años vivan en la isla de Miyakejima, donde hay un volcán activo, el monte Oyama. Debido a los altos niveles de dióxido de azufre, tienen que llevar siempre una máscara de protección.

**TRIBUTO ESTELAR** A una galaxia recientemente descubierta de 13,000 millones de años de antigüedad, que tiene algunas de las primeras estrellas que se formaron en el universo, se le puso CR7 en homenaje a la estrella del Real Madrid, el portugués Cristiano Ronaldo, que lleva el número 7 en su uniforme.

**SE PROHÍBE LADRAR** La ciudad italiana de Controne tiene prohibido que los perros ladren entre las 2 p.m. y las 4 p.m., para que los residentes puedan tomar su siesta en paz en el verano.

# Contrabandista de teléfonos

En marzo de 2015, un hombre que viajaba de Hong Kong a China continental fue detenido en la aduana después de activar un detector de metales. Chan Shih, de 30 años, llevaba 146 iPhones®, 126 de ellos atados a la cintura, y otros 20 atados a las piernas. Chan Shih tiene ahora el récord de contrabando de teléfonos de una sola persona, ya que lo han atrapado tratando de pasar 511 iPhones y 127 procesadores en cinco ocasiones distintas. Chan Shih trató de convencer a las autoridades de que su pulsera de oro había activado el detector, pero una búsqueda más minuciosa reveló el contrabando.

**NUEVA NACIÓN** El 13 de abril de 2015, el político y activista checo Vit Jedlicka reclamó un pequeño pedazo de tierra en disputa en la frontera de Croacia y Serbia, y lo declaró como una nueva nación, la República Libre de Liberland. Creó la bandera de Liberland con el lema "Vivir y dejar vivir", y se anunció como el primer gobernante del país, a pesar de que el área de 7 kilómetros cuadrados está cubierta casi por completo por bosque y no tiene residentes.

**CONCURSO DE LLANTO** Durante el festival Nakizumo de Japón, dos luchadores de sumo se paran frente a frente en el ring cargando un bebé, para hacerlo llorar lo más rápido posible. Esta tradición de 400 años cuenta con la aprobación total de los padres, ya que se cree que los gritos de los niños llegan a los dioses y los ayudan a crecer fuertes y saludables.

**BÚNKER EN CONDOMINIO** Un búnker de lujo de 15 pisos por debajo del suelo en Kansas, EE.UU., está diseñado para que sus residentes puedan sobrevivir a cualquier desastre. Sus paredes de concreto de 2.7 m de espesor resisten el impacto directo de un misil nuclear y vientos de 800 km/h; tiene capacidad para 70 personas y suficiente comida y agua para sobrevivir cinco años. El ejército de EE.UU. lo construyó en la década de 1960 para albergar un misil balístico. Todas las unidades se vendieron hasta por 3 mdd cada una. Un ejecutivo pagó 12 mdd en efectivo por cuatro pisos enteros para proteger a su familia y amigos en caso de una emergencia.

**CASA EN UNA CUEVA** Xu Wenyi, un agricultor, pasó seis años cavando su propia casa en el costado de una colina en Xiangtan, provincia de Hunan, China. Tiene 30 m de profundidad y 4 m de ancho, con paredes de concreto armado, una cocina de piedra y una puerta de entrada normal.

**DISEÑO DE NARANJA** Si todas las velas del techo de la Ópera de Sydney estuvieran unidas, formarían una esfera perfecta. Al arquitecto, Jørn Utzon, se le ocurrió el diseño del edificio australiano mientras comía una naranja.

**MONTAÑA DESPLAZADA** El terremoto de magnitud 7.8, que azotó Nepal el 25 de abril de 2015, hizo que el monte Everest se moviera 3 cm al suroeste.

▶▶ EL PUEBLO LITUANO DE RAMYGALA CELEBRA UN CONCURSO ANUAL DE BELLEZA PARA CABRAS VESTIDAS CON TRAJES REGIONALES.

**VECINOS TRANSATLÁNTICOS** Halifax, Nueva Escocia, Canadá, está 300 kilómetros más cerca de Dublín, Irlanda, que de Victoria, Columbia Británica, Canadá.

**PÁJARO ENJAULADO** Una paloma fue arrestada y puesta en custodia por policías de la India en mayo de 2015, por sospecha de ser un espía paquistaní. El pájaro fue visto en la aldea de Manwal, cerca de la frontera con Paquistán, con un mensaje escrito en urdu y un número de teléfono paquistaní estampado en sus plumas.

**CASA REFRESCANTE** Lillian O'Donoghue ha convertido la cocina de su casa en County Cork, Irlanda, en un santuario de Coca-Cola®. El piso, las paredes y los armarios son de los colores rojo y blanco de la empresa, y la sala está decorada con latas, carteles publicitarios y el logotipo de la marca. Su esposo, Barry, hizo dos candelabros de botellas de Coca-Cola. Lillian ha coleccionado latas de Coca-Cola de todo el mundo durante 30 años, y el anexo del jardín de la pareja también está adornado con artículos conmemorativos de Coca-Cola.

**IMÁN DE HURACANES** Casi el 40 % de los huracanes en EE.UU. pasan por Florida; durante el siglo XX, el 88 % de los más fuertes llegaron a Florida o Texas.

**CIUDAD EN LLAMAS** La ciudad de Jharia, en Jharkhand, India, ha ardido durante 100 años debido a que está sobre más de 70 fuegos de mina de carbón subterráneos. Viven ahí más de 80,000 personas, aunque el fuego causa humos tóxicos y peligrosos hundimientos. En 1995, 250 casas se hundieron en sumideros en solo cuatro horas.

**MONJES CANÍBALES** Aunque hay muy pocos practicantes en el mundo, los temidos monjes aghori de Varanasi, India, comen carne humana, beben de cráneos humanos, arrancan las cabezas de animales vivos y duermen en cementerios. Los miembros de la tribu cortan y se comen la carne de cadáveres que flotan por el sagrado río Ganges. También comen basura putrefacta, heces y comida podrida, y beben orina. Usan a menudo huesos humanos como adornos, y algunos utilizan bastones hechos de fémures humanos.

**DIENTE AL AIRE** Cuando a un niño griego se le cae un diente, este se arroja al techo de su casa para que le traiga buena suerte a la familia y un diente permanente saludable al niño.

**HINCAR EL DIENTE** En Luisiana, morder a alguien con dientes naturales se considera una agresión menor, pero morder a alguien con dientes postizos se clasifica como un ataque con agravante.

**SE ALQUILA PUEBLO** Todo el pueblo de Megyer, Hungría (18 habitantes), se alquiló por 750 USD al día en 2015. Esto incluyó los derechos para usar y cambiar los nombres de sus cuatro calles, así como acceso a la alcaldía, el centro cultural, las siete casas del pueblo, seis caballos, tres ovejas, dos vacas y una parada de autobús.

**CASCADA SUBTERRÁNEA** La cueva Gaping Gill en Yorkshire, Inglaterra, tiene una cascada de 111 m de altura, más del doble de la altura de las Cataratas del Niágara.

**TÚNEL DE NIEVE** Cuando Ari Goldberger vio que la ruta de bicicleta a su trabajo en Boston, Massachusetts, EE.UU., estaba bloqueada por una montaña de nieve de 4.6 m de alto, él y sus compañeros ciclistas excavaron un túnel de 12 m de largo por el que pudieron pasar.

**ANILLOS PLANETARIOS** El planeta J1407b, a 420 años luz de distancia, tiene más de 30 enormes anillos, y cada uno mide millones de kilómetros de ancho y son unas 200 veces más grandes que los de Saturno.

# Puente de lianas

**E**l puente Kazurabashi en Iya, en la prefectura de Tokushima, Japón, no es un puente colgante ordinario: está hecho de lianas (*Actinidia arguta*) y debe rehacerse cada tres años. Mide 45 m de largo, 2 m de ancho y está a 14 m sobre el agua. Alguna vez fue parte de una red de 13 puentes usados para transportar personas y mercancías por el río Iya. Ahora solo quedan tres puentes de lianas, y el Kazurabashi es el más largo y el más accesible.

# 3 Animales

Unos cazadores dieron por muerto a este rinoceronte de 12 años después de cortarle su cuerno de queratina en la provincia KwaZulu-Natal de Sudáfrica. Se salvó gracias a unos ingeniosos veterinarios y a un animal de piel gruesa. Para no arriesgarse a que los cazadores volvieran a quitarle un cuerno reconstruido, el veterinario Johan Marais y su equipo decidieron cuál sería el mejor "vendaje": un injerto de piel de un elefante que murió de causas naturales. Después de una hora y media, la primera operación de su tipo salvó la vida de un miembro de una especie en peligro de extinción.

Antes de la cirugía, tuvieron que limpiar la herida y quitar los gusanos para evitar infecciones y esterilizarla.

# Rino-plastia

# Kimonos para gato

Los dueños de mascotas en todo el mundo muestran su afecto de maneras diferentes, desde consentirlos con artículos de lujo hasta sesiones de spa, pero a casi todos les gusta vestir a sus queridas mascotas. Los amantes de la moda gatuna en Japón lo saben muy bien, y a menudo visten a los gatos con elaborados *kimonos* personalizados para ocasiones especiales.

**CANICHE SERVICIAL** En Lancashire, Inglaterra, Deborah Cornwall, que usa silla de ruedas, tiene un perro bichón frisé cruzado llamado Basil que abre y vacía la lavadora, recoge el correo e incluso va de compras con ella y recoge lo que su dueña no puede alcanzar.

**NADA DE HURONES** En la ciudad de Nueva York, EE.UU., se prohíbe tener hurones como mascotas desde 1959, aunque es legal en el resto del estado. California y Hawái son los únicos estados de ese país donde está totalmente prohibido tener un hurón.

**PELAJE PRESERVADO** Después de estar enterrado en el hielo durante 34,000 años, el cuerpo de un bebé rinoceronte lanudo se descubrió en Siberia en septiembre de 2014, y estaba tan bien conservado, que todavía tenía su pelaje lanudo.

**DESCARGA ELÉCTRICA** Liam, un gato siamés de 7.7 kg, de Jennifer y Jeff Kagay, sobrevivió después de recibir una descarga eléctrica en un poste de electricidad y de caer de una altura de 7.6 m en Grants Pass, Oregon, EE.UU.

**MANATÍES RESCATADOS** Se rescataron un total de 19 manatíes de un desagüe de tormenta en Satellite Beach, Florida, EE.UU., en febrero de 2015. A veces, estos animales salen de la laguna Indian River cercana cuando hace frío en busca de aguas más cálidas, y así fue como se atoraron en la tubería de 45 m de largo.

**CARGA PESADA** Aunque solo mide 7.5 cm de ancho, el cangrejo de mar hembra puede llevar dentro hasta 185,000 huevos.

**MUCHOS MÚSCULOS** Muchas orugas tienen hasta seis veces más músculos en su cuerpo que los humanos. Algunas especies tienen 4,000 músculos, en comparación con 639 en los humanos. Algunas orugas tienen 248 músculos en sus cabezas.

# Cocodrilos CANÍBALES

os cocodrilos se comen todo, incluso a sus congéneres, como descubrió un joven y desprevenido cocodrilo que nadó sin querer hacia las mandíbulas de otro más viejo, en el puesto de observación de aves Sweni del Parque Nacional Kruger de Sudáfrica. El voraz monstruo del río lo atravesó con sus afilados dientes, ¡y se lo tragó entero!

Un accidente que casi terminó en tragedia es el origen del acto del clavado de caballo. En 1881, un puente de madera se derrumbó debajo de William F. "Doc" Carver durante el espectáculo del salvaje oeste de Buffalo Bill. Mientras caía, su fiel corcel se zambulló de cabeza en el río, lo que inspiró a Carver a realizar esta peligrosa acrobacia en Estados Unidos, hasta su muerte en 1927. El acto de un caballo con jinete que salta de una torre a gran altura hacia una pequeña pileta continuó mucho después de la muerte de Carver, y solo dejó de hacerse en la década de 1970. Aquí, Eunice Winkless y su caballo deleitan al público de Pueblo, Colorado, EE.UU., con su temerario salto el 4 de julio de 1905.

# Clavado de caballo

# Lucha con pulpos

El extraño deporte de la lucha con pulpos cautivó a los espectadores en las décadas de 1950 y 1960. En 1963, más de 5,000 aficionados asistieron a los campeonatos mundiales de lucha con pulpos en Puget Sound, Washington, EE.UU., donde 111 buzos lucharon con más de 20 pulpos gigantes del Pacífico.

A profundidades de hasta 18 m, un pequeño equipo de buzos buscaba un pulpo para luchar con él y llevarlo a la superficie. Se otorgaban puntos por el peso del animal, y puntos extra por riesgos como bucear sin equipo. Bajo presión de los activistas de derechos de los animales, los legisladores introdujeron el delito menor de "molestar" o "acosar" a un pulpo, lo que puso fin al extraño deporte en 1976.

# FOCA nadadora

Jumbo, la foca, terminó invicta su temporada de 1949 en el Chicago Sportsman's Show. La campeona olímpica, Ann Curtis, y el ganador de la medalla de oro olímpica de 1936, Adolph Kiefer, competían con ella dos veces al día en una carrera de 18 m, pero la foca terminaba siempre en la mitad del tiempo.

Con sus dos medallas de oro en 1948 y 34 campeonatos de EE.UU., Ann Curtis se considera una de las mejores nadadoras de todos los tiempos, ¡pero no era rival para Jumbo!

# ÚLTIMA CENA

Después de darse un festín, una pitón africana de 4 m murió cuando las púas del puercoespín de 14 kg que acababa de comerse aparentemente perforaron su tracto digestivo por dentro. Los restos hinchados de la serpiente se encontraron en la reserva de caza Lake Eland, en Sudáfrica.

**DELFÍN ROSA** Ángel, un raro delfín albino en el Museo de Ballenas de Taiji, Japón, se pone rosa cuando está enojado o triste. Sus vasos sanguíneos pueden cambiar el tono de su fina piel cuando se emociona, al igual que en los seres humanos.

**LARGA DISTANCIA**
Los pterosaurios prehistóricos gigantes tenían alas de más de 9 m de ancho y es posible que hayan podido volar 16,000 km sin parar.

**CUERNO EXTRA** Una cabra en Arabia Saudita tiene un cuerno extra que le crece del lomo. El extraño abultamiento de 7.5 cm de largo, situado justo al lado de la columna vertebral, parece inocuo. Los animales con más de dos cuernos se llaman *policeratos*.

**PITÓN DE BAÑO** Rampeung Onlamai de Samkok, Tailandia, fue mordido por una pitón que salió de pronto de su inodoro. La enorme serpiente le hincó los colmillos y trató de arrastrarla, pero ella la golpeó con una escoba. Su hija logró finalmente que la serpiente soltara la mano derecha de su madre, que necesitó 20 puntos de sutura.

# El fantasma del rebaño

**DIENTES RESISTENTES** Aunque los dientes de una lapa miden menos de 0.5 mm de largo, son el material biológico más fuerte que se conoce, cinco veces más resistentes que la seda de araña y más fuertes que cualquier material sintético. Antes de romperse, los dientes de una lapa pueden soportar una presión equivalente a una tira de espagueti que soportara 1,361 kg.

**PESCADOR PESCADO** El contador de 62 años Dan Carlin resultó herido cuando un león marino hambriento saltó del agua y lo tiró al mar en un puerto de San Diego, California, EE.UU., para quitarle un pez que sostenía. Carlin, que sufrió mordeduras, cortadas y un shock, estaba en su bote posando para una foto con su enorme trofeo, cuando el león marino se lo arrebató.

**RÍE AL ÚLTIMO** Los guardianes del zoológico de Maruyama en Sapporo, Japón, abandonaron su intento de cuatro años de aparear a un par de hienas después de descubrir que ambos animales eran machos.

**CHARLA DE MONOS** Los chimpancés cambian su tono de voz para adaptarse a nuevos amigos. Los científicos estudiaron dos grupos en el Zoológico de Edimburgo en Escocia y encontraron que los gritos agudos de un grupo se adaptaban a los gritos menos agudos del otro conforme se iban conociendo, hasta que los sonidos fueron idénticos.

El granjero Paul Phillips tiene una oveja llamada The Phantom (el fantasma) con marcas inusuales. Se parece mucho a la cara de dos tonos del Fantasma de la ópera. Nació en 2015 en Kimbolton, Inglaterra. The Phantom es de raza Texel de pedigrí, por lo que Phillips cree que su "máscara" se debe a un rasgo recesivo.

**VENENO INGERIDO** La culebra tigre venenosa de Japón obtiene su veneno de comer sapos tóxicos. Las serpientes embarazadas se abastecen de sapos para pasarles el veneno a los recién nacidos.

**RENACUAJO DOBLE** Un renacuajo de salamandra de dos cabezas se descubrió en un laboratorio de la Universidad de Haifa, en Israel. Las dos cabezas, llamadas Arne y Sebastian, se movían independientemente, pero solo una podía comer.

**ARAÑA ASESINA** Una araña de lomo rojo pudo atrapar en su red a una serpiente venenosa joven muchas veces más grande, y luego la levantó del suelo y la lanzó hacia su nido, que estaba en la parte inferior de un coche en la granja de Neale Postlethwaite en Gooroc, Victoria, Australia. Con la serpiente colgando de la telaraña, la mortal araña le lanzó una mordida venenosa. El veneno destruyó las entrañas de la serpiente y las convirtió en líquido, que la araña se bebió.

El fotógrafo de la naturaleza Jeff Cremer descubrió recientemente a estos relucientes bichos durante una caminata nocturna por la selva amazónica peruana. Cremer trabajó con tres entomólogos para averiguar qué eran. Juntos, determinaron que estas larvas bioluminiscentes depredadoras brillan para atraer a sus presas. Entierran sus cuerpos en paredes de tierra y solo sobresalen sus cabezas, con las mandíbulas abiertas, listas para tragarse cualquier cosa que parezca comida.

# GUSANO LUMINISCENTE

**DOS CABEZAS** Un becerro de dos cabezas nació en la granja de Dwight Crews en el condado de Baker, Florida, EE.UU., en abril de 2015, una probabilidad de uno en 400 millones. El becerro, llamado Annabel, tenía cuatro ojos, dos narices, dos orejas y dos hocicos. Mientras una boca se alimentaba, la otra chupaba al unísono.

**CASA DE SERPIENTES** Cuando Jeff y Jody Brooks se mudaron a una casa en Annapolis, Maryland, EE.UU., en diciembre de 2014, las paredes y el sótano estaban infestados de serpientes. Durante los cuatro meses que estuvieron en la casa, afirman haber encontrado ocho víboras ratoneras no venenosas, una de 2.1 m de largo.

**OSO IRRESPETUOSO** Peter Rizzuto, de 77 años, se despertó de una siesta en la veranda de su casa en Snowmass, Colorado, EE.UU., para encontrar a un oso negro que mordisqueaba su tobillo. Medio dormido, lo acarició, pensando que era un perro, pero luego vio las enormes garras del animal, que tenía en su boca el tobillo de Rizzuto, pero no lo mordió, y se alejó.

**MAMÁ SUSTITUTA** Edward, un perezoso de siete semanas de edad en el zoológico de Londres, Inglaterra, recibió un oso de peluche como madre sustituta para que pudiera aumentar su fuerza. Los perezosos desarrollan los músculos trepando sobre sus madres, pero como su madre, Marilyn, había dejado de producir leche, los guardianes compraron un oso de peluche y le pusieron broches especiales para que poder colgarlo de una rama, para que Edward pudiera escalarlo y fortalecer sus músculos.

En septiembre de 2015, James Bristle, de Lima, Michigan, EE.UU., estaba excavando en un campo de soya cuando encontró un pedazo de historia. Lo que pensaba que era un viejo poste lodoso, ¡era en realidad una costilla de mamut lanudo! Bristle habló de inmediato con el paleontólogo Dan Fisher, del Museo de la Universidad de Michigan, que dirigió la excavación. A diferencia de otros descubrimientos en la zona, ¡este era un esqueleto completo, con cráneo y colmillos!

# Mamut enterrado

**MONOS BORRACHOS** Los chimpancés en Guinea, en la región de África Occidental, se emborrachan bebiendo la savia fermentada de palmas de rafia, que puede contener hasta un 6.9 % de alcohol, más fuerte que la mayoría de las cervezas.

# TORTUGA OVNI

En julio de 2015, los científicos encontraron el primer reptil biofluorescente, una tortuga carey. Deslizándose por el agua como una nave espacial alienígena, esta criatura única fue descubierta por el biólogo marino David Gruber y su equipo de la costa de las Islas Salomón. Refleja la luz azul dirigida a su concha en una variedad de colores –rojo, verde y naranja– lo que lo hace diferente de la bioluminiscencia, en la que la luz se produce a través de una serie de reacciones químicas.

# Cielo Colmena

¡Más de 700 colmenas hechas por el hombre cuelgan a 4.000 pies (1.219 m) sobre el nivel del mar en la ladera de una montaña en la Reserva Natural de Shennongjia de China! Estas altas colmenas imitan el hábitat natural de los insectos, creando un santuario para las abejas asiáticas de la región, una especie que ha disminuido drásticamente en los últimos años. Para llegar a cada colmena, los apicultores tienen que subir a la parte superior de cada caja para llegar a la siguiente!

**PRISIONERO CINCO AÑOS** El gato Biso pasó cinco años atrapado detrás de una pared en una estación de metro en El Cairo, Egipto, y sobrevivió porque un anciano le dio comida y agua a través de un pequeño agujero todos los días. Biso aparentemente se arrastró hasta el agujero cuando todavía era un gatito, pero creció demasiado grande para salir de nuevo, y solo fue liberado después de una campaña en Facebook.

**APETITO FEROZ** Un tigre de Bengala puede comer 27 kg de carne en una noche, el equivalente de 120 filetes de ocho onzas. Por la noche, su rugido se puede oír a una distancia de más de 2 km.

**BAÑO CALIENTE** Después de encontrar a un becerro recién nacido que apenas respiraba, en una pila de nieve en su granja cerca de Cutler, Indiana, EE.UU., Dean Gangwer le salvó la vida metiéndose, vestido, con él en una tina de agua caliente, para que pudiera calentarse. Luego lo secó, lo llevó a su casa y lo envolvió en mantas eléctricas. El becerro, llamado Leroy, se recuperó por completo.

**LANZAPOPÓ** La abubilla, que es nativa de Europa, Asia y África, arroja excremento a la cara de su enemigo si se siente amenazada.

**ARDILLA BORRACHA** Una noche, una ardilla gris borracha causó destrozos por cientos de dólares en un club de Worcestershire, Inglaterra. La ardilla tiró vasos y botellas, y logró abrir un grifo de cerveza y vaciar un barril entero en el suelo. Cuando se descubrió el caos, la ardilla se movía sin rumbo por todas partes, y el secretario del club y dos clientes tardaron una hora en atraparla.

**AGUA CALIENTE** Los ciprinodóntidos son peces que viven en el desierto y pueden retener la respiración durante cinco horas. Viven en pequeñas charcas en el desierto californiano, donde la temperatura del agua puede alcanzar los 35 °C y los niveles de salinidad son tres veces mayores que en el agua de mar. Han aprendido a sobrevivir sin oxígeno durante largos periodos en ambientes hostiles.

# Oso de agua

Esta criatura extraña, que parece sacada de una película de ciencia ficción, es un tardígrado, también conocido como oso de agua. Es una criatura microscópica de ocho patas que puede sobrevivir en el espacio. En 2007, los científicos pusieron a un grupo de tardígrados en órbita. Le dieron vueltas a la Tierra sujetos a un cohete FOTON-M3 durante 10 días, y el 68 por ciento regresaron vivos; son los únicos animales que pueden hacerlo. Pueden tolerar presiones seis veces mayores que las de los océanos más profundos, pueden soportar centenares de veces la radiación que sería fatal para los humanos, y pueden soportar temperaturas de más de 148 °C.

**ALMEJA DISCO** En los arrecifes de coral de Indonesia, el molusco *Ctenoides ales* refleja la luz en pequeños pedazos de sílice cerca del borde de su concha para crear un deslumbrante espectáculo de luz marina. Lo hace para advertir a los depredadores y atraer presas, y le ha valido el apodo de "almeja disco".

**MULTIPLICACIÓN DE LOS PECES** Luego de que alguien arrojó tres o cuatro peces de colores en el lago Teller, en Boulder, Colorado, EE.UU., en 2013, se han multiplicado a un ritmo tal, que hay ahora casi 4,000 peces.

**TIGRES ASUSTADOS** Después de quedar atrapada en el recinto de los tigres en la Reserva Natural de Fuyang en China, una grulla mantuvo a raya a dos tigres grandes corriendo y extendiendo sus alas de forma amenazadora. Los tímidos tigres retrocedieron, y los empleados del zoológico pudieron rescatar a la grulla.

**SÚPER ÁCARO** Un pequeño ácaro californiano, *Paratarsotomus macropalpis*, puede correr 300 veces la longitud de su cuerpo en un segundo. A manera de comparación, un guepardo solo puede recorrer 16 veces su cuerpo en un segundo, lo que hace del ácaro una de las criaturas más rápidas en la Tierra.

**ALÉRGICO A LOS HUMANOS** Adam, un perro cruzado de Labrador negro de Beth Weber de Indianápolis, Indiana, EE.UU., solía ser alérgico a los humanos; se rascaba y se mordía la piel, que se le agrietaba, y se le caía el pelo. Pero desde que lo diagnosticaron, toma medicinas todos los días que le ayudan a vivir una vida normal y feliz.

**CHANGO MUSICAL** Holly, una chimpancé del zoológico de Rockhampton, Queensland, Australia, puede tocar el ukulele. Uno de los guardianes tocó el instrumento musical frente a ella, y al ver que estaba fascinada, le compró uno. Al dárselo, sostuvo el ukulele correctamente y se puso a rasguear unas cuatro horas.

# Rinopitecos

Es raro que se descubra una nueva especie de mamífero, especialmente si es grande, pero en los últimos años, varios miembros de esta especie de mono se han encontrado en áreas remotas de la provincia china de Yunnan y el Himalaya oriental. Apodado por los científicos como "Snubby", estos monos son en realidad bastante fáciles de encontrar, ¡especialmente cuando está lloviendo! ¡Sus narices están tan volteadas hacia arriba, que las gotas de lluvia los hacen estornudar!

### MASCOTA CONSENTIDA

Brajesh y Shabista Srivastava de Uttar Pradesh, India, planean dejarle todo su dinero a su mascota, el mono Chunmun. La pareja sin hijos creó un fideicomiso para el macaco de cola larga, que ya vive con estilo en su propia habitación con aire acondicionado y una dieta de comida china y té. También tiene una compañera, Bitti, y cada año se celebra su "aniversario de bodas" con una fiesta a la que asisten cientos de invitados.

### WOMBAT MARAVILLA
Patrick, un wombat del Parque Natural Ballarat en Victoria, Australia, tiene 30 años, más del doble de la expectativa de vida de la especie, y pesa 36 kg, al menos 10 kg más que la mayoría de los wombats adultos. Los wombats machos necesitan ser agresivos con la hembra, pero Patrick es de naturaleza apacible, así que sus cuidadores han tratado de encontrarle novia en Tinder.

### OSO COLADO

Un oso negro de 182 kg se coló en una fiesta estudiantil en la Universidad Lehigh, en Bethlehem, Pensilvania, EE.UU. La policía llegó y lo persiguió, y el oso se trepó a un árbol; luego pasaron casi dos horas tratando de hacerlo bajar, para poder darle un tranquilizante.

### CALAMAR GIGANTE
El capitán John Bennett y su tripulación de Nueva Zelanda sacaron a un enorme calamar hembra del tamaño de un minibús que estaba a 1.6 km de profundidad en el mar de Ross de la Antártida en 2014. Pesaba 350 kg y tenía tentáculos de más de 1 m de largo que habrían sido del doble de tamaño si no se hubieran dañado; los ojos eran del tamaño de platos, y era tan pesado que tuvo que trasladarse en tierra con un montacargas especial.

El saltamontes Espuma de África cuyo nombre científico es *Dictyophorus cuisinieri*, produce una espuma tóxica con la que defiende de los depredadores en su hábitat de Guinea, en la región de África Occidental.

# ATAQUE DE ESPUMA

# Pico rockero

Aunque usted no lo crea, el death metal aviario es un género, y sus pioneros son los integrantes de Hatebeak, de Baltimore, Maryland, EE.UU., con su solista Waldo, un perico gris africano de 22 años.

La voz de Waldo y el acompañamiento melódico de Blake Harrison y Mark Sloan aparecen en cuatro álbumes, *Beak of Putrefaction*, *Bird Seeds of Vengeance*, *The Thing That Should Not Beak* y *The Number of the Beak*.

Desde pequeño, a Waldo le gustaba hablar y respondía muy bien a la música, y cuando estaba contento, se paraba en una pata y se ponía hiperactivo. La banda afirma que su emoción después de escuchar música un buen rato hace que ese sea el momento perfecto para grabar a Waldo cantando. Sus mejores chillidos y gritos se fusionan entonces al resto de la música. ¿Un perico rockero?

## RIPLEY PREGUNTA

El miembro de la banda, Blake Harrison, nos dice cómo es Waldo tras bambalinas, y cómo empezó todo…

**P** ¿Cuándo se descubrió el talento de Waldo?

**R** Fue por accidente; Mark y yo estábamos buscando un perico después de que tuvimos la idea, y nos topamos con un amigo que es el dueño de Waldo, ¡y así empezó todo!

**P** ¿Qué se siente trabajar con un perico?

**R** El viejo adagio del mundo del espectáculo de "nunca trabajes con niños o animales" se aplica aquí. Por suerte, no hacemos muchas grabaciones, así que no es tan malo, pero a veces puede ser una diva. Prácticamente hace las cosas cuando quiere, pero lo sobornamos con muchas rodajas de plátano deshidratado.

**P** ¿Los cuatro discos y un poco de fama han cambiado a Waldo?

**R** Nos gusta mantenerlo protegido para que no sufra de la "maldición del solista". Tal vez cambiaría si supiera lo que está haciendo, pero en este momento sus habilidades de lectura dejan mucho que desear.

# EL LADO OSCURO

La melanina es un pigmento que se encuentra en la piel, pelo y plumas de los animales. Cuando un animal produce demasiado pigmento se dice que tiene melanismo; lo contrario es albinismo, cuando falta el pigmento. El melanismo y el albinismo son mutaciones genéticas; el primero funciona a favor de algunas especies y se vuelve bastante común, pero en otras especies, es mucho más raro.

Este cachorro, llamado Liquorice, es en realidad una foca gris macho. Los machos suelen ser más oscuros que las hembras, pero el pelaje de Liquorice es de un negro azabache inusual.

El melanismo es muy raro en pingüinos, pero en este caso, documentado en Fortuna Bay, en la isla subantártica de Georgia del Sur, ¡este pingüino lleva un esmoquin todo negro! Solo uno de cada 250,000 pingüinos muestra indicios de melanismo, aunque sea parcial.

Visto en el Centro Ambiental de Akrotiri en Chipre, este es, posiblemente, el único flamenco negro del mundo. Un flamenco de plumas negras se observó en Israel en 2013, pero los científicos creen que es la misma ave, ya que los flamencos pueden migrar grandes distancias.

Este cervatillo con melanismo fue descubierto por Richard Buquoi cerca de Austin, Texas, EE.UU., donde hay una gran concentración de ciervos negros de cola blanca. Los investigadores no han podido documentar la existencia de ciervos con melanismo antes de 1929. Es posible que esta nueva mutación ofrezca camuflaje en los oscuros matorrales de la región.

# Oveja gruñona

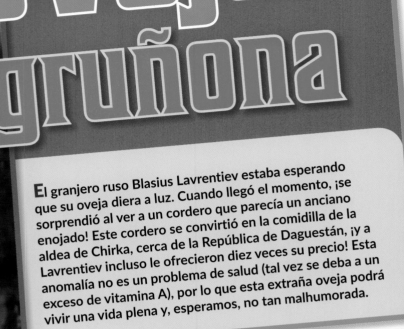

El granjero ruso Blasius Lavrentiev estaba esperando que su oveja diera a luz. Cuando llegó el momento, ¡se sorprendió al ver a un cordero que parecía un anciano enojado! Este cordero se convirtió en la comidilla de la aldea de Chirka, cerca de la República de Daguestán, ¡y a Lavrentiev incluso le ofrecieron diez veces su precio! Esta anomalía no es un problema de salud (tal vez se deba a un exceso de vitamina A), por lo que esta extraña oveja podrá vivir una vida plena y, esperamos, no tan malhumorada.

**ARSENAL EN LA PANZA** Benno, un perro malinois belga de cuatro años, de Larry Brassfield en Mountain Home, Arkansas, EE.UU., se tragó una bolsa de 23 municiones calibre .308, y tuvieron que operarlo. Después de que el perro vomitó cuatro balas, un veterinario retiró con cuidado 17 más de su estómago, dejando dos en su esófago, que Benno mismo "expulsó" después.

**TIBURÓN ANDANTE** La pintarroja colilarga ocelada de Australia e Indonesia puede caminar en tierra usando sus aletas. Este tiburón puede vivir sin oxígeno 60 veces más tiempo que los seres humanos.

**VENGANZA GATUNA** En busca de su gato perdido Tiger, Francis Bakvis encontró en el patio de su casa en Clifton Beach, Queensland, Australia, a una pitón amatista muerta con un siniestro abultamiento. Cuando la arrojó sobre el césped, su cuerpo se abrió para revelar que Tiger había sido su última cena. Aparentemente, el gato rayado negro con gris de 16 años resultó ser demasiado grande para que la serpiente de 3.5 m de largo se lo tragara, y causó una ruptura fatal.

**VOLTERETAS ARÁCNIDAS** Una nueva especie de araña descubierta en Marruecos, *Cebrennus rechenbergi*, se mueve por la arena dando volteretas. Así puede moverse a una velocidad de más de 2 m por segundo, dos veces más rápido que si caminara, por lo que puede escapar mejor de los depredadores.

**SALCHICHA A DIETA** Desde que lo adoptó Brooke Burton de Columbus, Ohio, EE.UU., en 2013, Dennis el perro salchicha ha perdido más del 75 por ciento de su peso corporal, pasando de ser un perro obeso de 25 kg a un esbelto can de 5.4 kg. Solía pesar lo mismo que cuatro o cinco perros salchicha, y no podía dar más que unos pasos sin quedarse sin aliento. Brooke lo puso en una dieta estricta, y ahora puede cazar ardillas. Perdió tanto peso, que al principio se tropezaba con sus pliegues de piel.

**POPÓ RECICLADO** Los perezosos de tres dedos reciclan su propio excremento, ya que este atrae a las larvas de polillas que comen estiércol y que colonizan la piel del perezoso en un proceso que da lugar al crecimiento de algas verdes, que los perezosos se comen.

**ATAQUE AÉREO** Un halcón peregrino atacó varios planeadores miniatura después de que se acercaron mucho a su nido en South Bay, cerca de Los Ángeles, California, EE.UU. Esta ave, que puede volar a velocidades de hasta 320 km/h, sujetó los planeadores en sus garras y los obligó a descender.

**TERAPIA FELINA** Ferray Corporation, una empresa de soluciones de Internet en Tokio, Japón, llevó nueve gatos de un refugio a sus oficinas para ayudar a los empleados a relajarse y mejorar la productividad.

**CERDO ÁGIL** Amy, un minicerdo propiedad de Lori Stock, es uno de los atractivos del Centro de entrenamiento para perros en Kent, Washington, EE.UU. A los cinco meses, Amy ya se había graduado de la clase de conducta y estaba tomando las clases de obediencia y agilidad, donde saltaba a través de aros, se balanceaba en un subibaja, recuperaba una pesa y corría por un túnel de juego.

**QUEMADA VIVA** La araña *Seothyra* del desierto del Namib en el sur de África mata a una hormiga sosteniendo el cuerpo de su presa contra la arena caliente, donde se quema viva en menos de un minuto.

## CINCO PATAS

Un cordero en una granja en Powys, Gales, se salvó de que lo cocinaran, porque nació con cinco patas. Jake puede correr y saltar como los otros corderos, pero gracias a su deformidad, se convirtió en la mascota de la familia del granjero Bethan Lloyd-Davies, en vez de terminar en el matadero.

# Camina erguido

En vez de cantar al amanecer o picotear en el corral, este gallo se pavonea de manera diferente: ¡camina erguido! Su dueño anterior lo compró en un viaje de negocios en el este de China por el equivalente de 1,521 USD; esta extraña ave vive ahora en el zoológico local de Jinhua. Su extraña postura y forma de caminar no es algo que le hayan enseñado, sino el resultado de una enfermedad de los cartílagos que sufre desde joven. Tras aprender a adaptarse, ¡ahora es toda una celebridad!

## RESPIRA PROFUNDO

El chorro de aire y mucosidad que sale del orificio respiratorio de una ballena azul puede elevarse 15 m, la altura de un edificio de cinco pisos. Con una sola respiración, una ballena azul podría inflar 1,250 globos.

## MADRE HEROICA

La valiente Diwalinen Vankar salvó a su hija Kanta de 19 años de las fauces de un cocodrilo de 4 m de largo golpeándolo en la cabeza con una pala de lavar de madera durante 10 minutos, hasta que el reptil la soltó. Habían ido a lavar ropa en el río Vishwamitri en el oeste de la India, cuando el cocodrilo agarró de pronto la pierna de Kanta y trató de arrastrarla bajo el agua.

## PERRO GUARDIÁN

Cuando Joseph Phillips-Garcia, de 16 años, resultó herido de gravedad después de que su vehículo rodó más de 100 m en los bosques de Lytton, Columbia Británica, Canadá, su perro king shepherd negro, Sako, lo cuidó fielmente durante 40 horas, alejando a los osos y pumas hasta que llegó la ayuda. Como Joseph no podía moverse, Sako lo mantuvo caliente por la noche acostado a su lado y también buscó trozos de madera para que el joven pudiera hacer un fuego con el encendedor que tenía en el bolsillo.

# A caballo

A primera vista, ¡parece que hay un caballo dentro de este caballo! Puede parecer una ilusión óptica, pero el patrón de color blanco en el pelaje castaño del caballo tiene forma de caballo. Este potro llamado Da Vinci nació en mayo de 2015 en la escuela Fyling Hall en Robin Hood Bay, Yorkshire, Inglaterra.

# Oinc Oinc

**E**ste cerdito, que se encontró afuera de un templo budista en Tianjin, China, tiene dos cabezas, dos bocas, cuatro ojos, ¡pero solo tres orejas! Por desgracia, sus pequeñas patas son muy débiles para soportar el peso de sus dos cabezas, pero Yang Jinliang cuidó del animal y lo alimentó con biberón, ¡por las dos bocas!

**ALTO AHÍ**  Un perro que se llevaron en un robo a una casa en West Midlands, Inglaterra, se reunió con su dueña, Kirsty Mitton, cuando le hizo señas a una camioneta de la Sociedad para la prevención de la crueldad a los animales, a 160 km de su casa. Alfie, un Yorkshire terrier de siete años, obligó a la inspectora Stephanie Law a detenerse en un camino en Buckinghamshire al ladrar delante de su coche. Cuando la inspectora frenó y abrió la puerta, Alfie saltó adentro.

**BOCADO DE TENAZAS**  La pitón Winston tuvo que someterse a cirugía después de tragarse unas tenazas de asador. Su dueño, Aaron Rouse, de Adelaida, Australia, le estaba dando una rata con las tenazas cuando la serpiente se las arrebató. No trató de quitárselas, pero se horrorizó cuando volvió y vio que la serpiente se las había tragado. Eran casi de un tercio de la longitud de la serpiente y se habían movido a la mitad de su cuerpo. Winston no pudo regurgitarlas. Por si fuera poco, las tenazas trataban de expandirse todo el tiempo adentro del animal.

**PAPELES INVERTIDOS**  En el Parque Natural Lehe Ledu en Chongqing, China, la gente paga para que la encierren en un camión enjaulado mientras los leones y tigres vagan libremente a su alrededor. Se atan trozos de carne a las barras de la jaula por fuera de modo que los visitantes puedan ver de cerca a los animales.

**BABUINO PASTOR**  Antes se entrenaba a los babuinos para que cuidaran rebaños de cabras en Namibia; las protegían en el día  y las devolvían a sus corrales en la noche, a veces montados en las más grandes.

**RARO AVISTAMIENTO**  Quedan solo unos 50 zorros rojos Sierra Nevada en Estados Unidos, y en diciembre de 2014 vieron a uno en el Parque Nacional de Yosemite, California, por primera vez desde 1916.

**CORAZÓN ERRADO**  En la granja de Tom Leech, en Amwell, Pensilvania, EE.UU., nació un becerro con el corazón en el cuello, el tercer caso registrado en la historia. Se cree que nació con un defecto que evitó que el esternón se desarrollara bien, lo que hizo que el corazón se saliera hacia el cuello, donde se veía latir y hacía un sonido de chapoteo, porque estaba rodeado de líquido.

# PECES
## con biberón

**L**os peces que se alimentan de biberones son toda una atracción en el Parque Xiaoyaojin en China. Este parque de la ciudad de Hefei creó unos dispositivos únicos para alimentar a sus carpas koi con biberones llenos de pescado disuelto en agua en los extremos de unos palos largos. Cuando los visitantes bajan las botellas hacia el agua, ¡algunos de los peces incluso sacan la cabeza del agua en su afán de comer!

**DIETA DE ESCARABAJOS** La avutarda macho de Europa y Asia come escarabajos venenosos para atraer a una pareja. La dieta de escarabajos le ayuda a deshacerse de los parásitos para verse mucho más sana y atractiva.

**LA RANA QUE ENCOGE** La rana patito de Sudamérica se encoge a medida que envejece. Comienza como un renacuajo de 25 cm y termina como una rana adulta de alrededor de un cuarto de su tamaño original. Cuando la especie se descubrió, los científicos pensaron que los adultos eran los bebés y que de alguna forma se convertían en renacuajos gigantes.

**LABRADOR PARAMÉDICO** Cuando Alan Spencer se desplomó en su casa en Yorkshire, Inglaterra, después de que se le atoró una cebolla encurtida, su labrador de 18 meses Lexi le salvó la vida realizando la maniobra de Heimlich. Lexi saltó en cuatro patas en el centro de la espalda de su dueño y su rápida acción desalojó el trozo de comida.

**TRAPOS SUCIOS** Cuando Elaine y Don Sigmon de Maiden, Carolina del Norte, EE.UU., adoptaron a la cacatúa Peaches, se sorprendieron al escuchar que repetía las peleas que había oído de sus primeros dueños.

**BOCADILLO** Una pitón de 3 m de largo logró tragarse entera a una cabra adulta en la aldea de Garkhuta, Bengala Occidental, India. Tardó cuatro horas en devorarla, después de lo cual se deslizó de nuevo lentamente hacia los arbustos, con el estómago lleno.

## Pesca ukai

**L**a pesca *ukai* es una tradición japonesa que data de hace unos 1,300 años, protegida ahora por el gobierno japonés, en la que se usan unas aves llamadas cormoranes para atrapar truchas. Se realiza durante las horas del crepúsculo, con antorchas de pino encendidas en botes de madera largos. Una docena de cormoranes que han vivido con los pescadores y han sido entrenados para ayudarles en su trabajo los siguen en el río Nagara, en la prefectura de Gifu. Cuando las aves ven a sus presas, se zambullen, se impulsan con las alas y patas, y atrapan al pez. Un cepo atado cerca de la base de la garganta del ave impide que se trague cosas grandes. Esto permite que el pescador *ukai* recupere las presas más grandes de la boca del cormorán. ¡Cada cormorán puede sostener hasta seis peces en la garganta a la vez!

**VISITA DE HOSPITAL** Cuando Nancy Franck fue admitida en un hospital en Cedar Rapids, Iowa, EE.UU., recibió una visita sorpresa, ¡su schnauzer miniatura, Sissy! El perro salió de la casa solo y caminó 20 cuadras al vestíbulo del Mercy Medical Center. Al ver los detalles del perro en el collar, el personal del hospital permitió que lo llevaran a ver a su dueña unos minutos. El esposo de Nancy, Dale, dijo que Sissy lo acompañaba a veces en el coche a recoger a su esposa del trabajo al lado del hospital, pero nunca habían recorrido la ruta a pie.

**CAPARAZÓN PROSTÉTICO** Cleopatra, una tortuga leopardo del refugio Canyon Critters Reptile Rescue en Golden, Colorado, EE.UU., recibió un caparazón prostético impreso en 3D, para tratar una dolorosa enfermedad ósea que había desgastado su caparazón, dejándola susceptible a infecciones. Diseñado por el estudiante Roger Henry de la Universidad Técnica de Colorado, este caparazón ligero se adhiere al de Cleopatra con Velcro®, y solo lo usa cuando está cerca de otras tortugas. Su propio caparazón debe volverle a crecer en un par de años, ahora que sigue una dieta saludable.

**LANGOSTA GIGANTE** Una langosta de hace 480 millones de años, *Aegirocassis benmoulae*, era uno de los animales más grandes de la época, con una longitud de 2.1 m, casi tan larga como un león.

**DIFERENCIA DE TAMAÑO** En un refugio de animales en Hertfordshire, Inglaterra, Digby, un cachorro chihuahua de menos de medio kilo de peso, se convirtió en el mejor amigo de Nero, un mastín napolitano de 59 kg. Nero come todos los días cuatro veces el peso de Digby.

**ARAÑA PITCHER** *Mastophora dizzydeani* es una especie de araña que lleva el nombre del pitcher de beisbol Dizzy Dean, porque captura a su presa "lanzando" una bola pegajosa sujeta a un hilo.

**PASAJERO EXTRA** Un perro callejero salió ileso después de que un coche lo atropelló y se lo llevó 397 km atorado en la parrilla delantera del vehículo. Después del accidente en la provincia de Hunan, China, el conductor, Zhang Chou, pensó que sería peligroso tratar de retirar al perro él mismo, así que condujo hasta una clínica veterinaria con el animal todavía atorado. Allí, Zhang se encariñó con el perro y decidió adoptarlo.

**VACA FUGITIVA** Matylda, una vaca que escapó de la granja de Leszek Zasada en Zloty Stok, Polonia, en 2013, fue recapturada después de dos años. Pasaba el tiempo en un bosque cercano, y se aventuraba ocasionalmente a un área de cultivos, pero nadie había podido atraparla.

**CLASES DE NATACIÓN** Charlotte, una cría de pingüino rey en un parque de aves en Gloucestershire, Inglaterra, le tenía tanto miedo al agua, que tuvo que tomar clases de natación. Su cuidador, Alistair Keen, se puso un esnórquel y se metió al agua con ella para mostrarle qué hacer.

**ATORADA EN LA CHIMENEA** La gata Chloe sobrevivió seis semanas atorada en una chimenea sin comida ni agua después de escapar de una casa en Dorset, Inglaterra, donde la estaban cuidando mientras su dueña, Marion Wood, estaba de vacaciones en Vietnam.

**PASAJEROS** Como no pueden moverse mucho por sí mismos, algunas especies de gusanos pequeños "viajan" dentro de babosas para ir a otros lugares donde puede haber alimento. Las babosas se los tragan sin darse cuenta mientras comen, pero en vez de digerirlos, los gusanos sobreviven en sus intestinos hasta que salen como excremento, a menudo alejados de donde se los comieron.

**PERRO DUMBO** Cuando Remy, un basset hound de dos años, vio a un gato en la calle y saltó más de 9 m desde la ventana de un tercer piso en East Sussex, Inglaterra, sobrevivió porque sus enormes orejas frenaron la caída. Aunque aterrizó de cara en el concreto, solo sufrió lesiones leves.

# ¡Qué Ojos!

Matilda, una gata atigrada de dos años de Canadá, tiene enormes ojos vidriosos como de extraterrestre, por una enfermedad llamada luxación espontánea del cristalino, un desorden genético en el que el cristalino se disloca por completo de su posición normal. Sus pupilas empezaron a agrandarse al año de vida, y ahora no le permiten ver bien. ¡Su aspecto distintivo le ha ganado más de 105,000 seguidores en Instagram!

# Boda con alpacas

**E**l hotel Epinard Nasu en Tochigi, Japón, ofrece una de las experiencias de boda más singulares del mundo. Las parejas pueden tener a alpacas como testigos y posar con ellas en sus fotos de boda. El proceso de acicalado de estos invitados peludos rivaliza con el de la novia; antes de cada ceremonia, ¡bañan, arreglan y peinan a las alpacas! Ojo, recién casados: a las alpacas, que son parientes de las llamas, les gusta escupir. ¡Cuidado!

# CENSO DE CISNES

Por una tradición que se remonta al siglo XII, cuando los cisnes estaban destinados a los banquetes reales, la reina de Inglaterra es la dueña de todos los cisnes blancos en Gran Bretaña. Hoy en día, la Reina solo ejerce su derecho en ciertos tramos del Támesis, donde se realiza un censo de cinco días durante la tercera semana de julio.

La reina solo ha asistido al evento, llamado "Swan Upping", una vez en sus 65 años de reinado, en 2009. La tarea se delega a David Barber y Chris Perrins, marcador y cuidador de cisnes, respectivamente. Vestidos con sacos rojos, el equipo recorre 127 km en esquifes de madera de remos para contar, pesar y revisar (en busca de lesiones o enfermedades) a los cisnes jóvenes, para luego liberarlos. De acuerdo con el informe de 2015 del marcador de cisnes real, se contaron 2,014 cisnes, incluidas 83 crías y 34 parejas en crianza.

**RESCATE HELADO** Derik Hodgson, de Elgin, Ontario, Canadá, se resbaló y cayó en un lago congelado, se fracturó la pierna y se desgarró un tendón. Su perro de 11 años llamado Badger, cruza de labrador y rottweiler, lo sacó del hielo y lo arrastró más de 400 m cuesta arriba hasta su cabaña. A temperaturas por debajo de -20 °C, Hodgson perdía y recobraba el conocimiento y estuvo a punto de sufrir una hipotermia severa.

**ERIZO EBRIO** En la madrugada del 31 de mayo de 2015, se encontró a un erizo dormido en una calle de Arnhem, Holanda. Había bebido de una botella rota de Advocaat, un licor holandés parecido al rompope, que encontró en una alcantarilla. Lo llevaron a un refugio de animales cercano para que se recuperara de la cruda.

**GATO CONFUNDIDO** El gato Marbles de Tom Minns y Claire Gidley, de Plymouth, Devon, Inglaterra, tiene órganos sexuales masculinos y femeninos, por lo que es un hermafrodita. Los dueños pensaban que era hembra, pero cuando la llevaron a esterilizar, les dijeron que era mitad macho.

**VÁNDALOS ECOLÓGICOS** La tortuga angonoka de Madagascar es muy codiciada por su caparazón de color dorado y negro, por lo que está en peligro de extinción; para tratar de salvarla, los conservacionistas desfiguraron sus caparazones a propósito para que sean menos deseables. A las 500 tortugas que quedan en la isla les grabaron permanentemente un número de serie grande y las letras "MG" (por Madagascar) para evitar que la gente se las robe.

**DIRECCIÓN INCORRECTA** Una foca gris joven se encontró a 32 km de la costa en un campo cercado de Lancashire, Inglaterra, después de que nadó en la dirección incorrecta. En lugar de dirigirse al mar, nadó por error hacia el estuario del río Mersey y luego por una serie de arroyos, antes de saltar la cerca para llegar al campo.

**TORO OCUPADO** Toystory, un toro que crió Mitch Breunig en Wisconsin, EE.UU., engendró unas 500,000 crías en más de 50 países. Pesaba 1,225 kg y su cuello medía 142 cm de diámetro, casi cuatro veces más grueso que un cuello humano promedio.

**¿SERPIENTE SUICIDA?** El coleccionista de serpientes Matt Hagan, de Cairns, Queensland, Australia, encontró una serpiente que parecía haberse suicidado hundiendo sus colmillos en su propio cuello. La serpiente venenosa de color café de 1.5 m de largo apareció muerta frente a una casa en Earlville, con los colmillos incrustados profundamente en el cuello.

**OJO DE VIDRIO** A un pez roca de aleta amarilla que había desarrollado cataratas en el ojo izquierdo le pusieron un ojo de vidrio en el Centro de Ciencias Marinas del Acuario de Vancouver en Canadá. Al perder el ojo, hubiera parecido débil, por lo que otros peces lo habrían atacado.

**TORTUGAS PIRÓMANAS** Las tortugas Dinky y Toby incendiaron accidentalmente una casa en Hampshire, Inglaterra, tras tirar una lámpara de calefacción. El incendio causó graves daños, pero los ocupantes de la casa, incluidas las tortugas, escaparon ilesos.

**MORDIDA PODEROSA** El diente de un *Tyrannosaurus rex*, incluida la raíz, medía casi 25 cm. Tenía hasta 60 dientes en su mandíbula de 1.2 m de largo, que le daba una fuerza de 35,000 newtons en su mordida, casi 50 veces más que la de un león adulto.

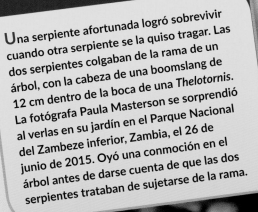

## VÍBORA contra VÍBORA

Una serpiente afortunada logró sobrevivir cuando otra serpiente se la quiso tragar. Las dos serpientes colgaban de la rama de un árbol, con la cabeza de una boomslang de 12 cm dentro de la boca de una *Thelotornis*. La fotógrafa Paula Masterson se sorprendió al verlas en su jardín en el Parque Nacional del Zambeze inferior, Zambia, el 26 de junio de 2015. Oyó una conmoción en el árbol antes de darse cuenta de que las dos serpientes trataban de sujetarse de la rama.

# Perra relojera

¡Se encontró casi medio kilo de cuero en el estómago de Mocha!

Los rayos X de Mocha muestran su vientre lleno de metal y cuero.

**M**ocha la doberman llegó apenas a tiempo al centro veterinario Angell en Boston, EE.UU., después de comerse tres relojes de pulsera y algunas joyas de cuero. Después de notar su extraño comportamiento, su dueño, Jeff Courcelle, la llevó al centro, donde le hicieron una endoscopia de tres horas para buscar los objetos en su vientre. No era la primera vez que Mocha llegaba a la sala de emergencias. En 2014, le extirparon 51 cm de intestino después de que un trozo de plástico lo perforó.

¡El contenido del estómago de Mocha!

# Animales

# Comadreja voladora

**A**unque nos gustaría pensar que este pájaro carpintero está paseando a su amiga la comadreja, la verdad es que lo están atacando. Martin Le-May vio la pelea mientras paseaba por el parque campestre Hornchurch en Londres, Inglaterra, y logró tomar esta foto. Después de un breve vuelo, el pájaro carpintero aterrizó y se sacudió a la comadreja. Luego se alejó volando mientras la comadreja desaparecía entre los arbustos, todavía hambrienta.

**ELEFANTES DE APOYO** Un enorme camión que se quedó atascado en el lodo y había empezado a ladearse después detenerse junto a una carretera en Luisiana, EE.UU., evitó volcarse gracias a dos de sus pasajeros, ¡un par de elefantes de circo de cinco toneladas! Sostuvieron el vehículo con su peso hasta que llegaron los oficiales de policía de Natchitoches. Los elefantes asiáticos iban en camino, con otro más, de Nueva Orleans a un circo en Dallas, Texas, y cuando el camión tuvo el problema, un entrenador tuvo la idea de usar a los paquidermos para evitar que se volcara.

**CHIHUAHUA POLIZÓN** Cuando una maleta activó la alerta de equipaje en el aeropuerto LaGuardia de Nueva York, EE.UU., al abrirla encontraron a un Chihuahua color beige y dorado adentro. La dueña del perro no sabía que se había colado en su maleta mientras empacaba para un vuelo a Los Ángeles.

**MONO ARTISTA** El artista alemán Jan Schekauski animó a un mono a embadurnarle la espalda con pintura, y luego convirtió la obra de arte en un tatuaje permanente.

**BAÑO DE LAS HORMIGAS** Las inteligentes hormigas negras de jardín tienen "inodoros" especialmente designados en sus nidos. Apilan el excremento en ciertos rincones de sus nidos subterráneos, probablemente para mantener sana a la colonia.

**CACHORRO PRESERVADO** Un perro momificado hace 12,000 años fue descubierto por arqueólogos en Yakutia, un área remota de Rusia. Preservado en permafrost, el cachorro estaba en "perfecto estado", con su pelo, dientes y patas intactos.

**NIDOS MOLESTOS** En marzo de 2015, Vodafone advirtió a los usuarios de teléfonos celulares de Londres, Inglaterra, que habría mala recepción durante dos meses debido a que al menos tres pares de halcones peregrinos habían anidado en los mástiles de la empresa cerca de la ciudad. Según la ley británica, es ilegal molestar a las aves rapaces mientras anidan.

**BOLA DE CINTAS** Cuando Garry, un gato de 2 años de Ana Barbosa, de Hove, Sussex, Inglaterra, fue por su vacuna anual, los veterinarios encontraron una masa en su estómago, que resultó ser una bola de agujetas y ligas para pelo enredadas que se había tragado.

**PERICO DENTISTA** Anton Androshchuk, de 14 años, de Ferndale, Washington, EE.UU., dejó que su perico Gosha le sacara cinco de sus dientes de leche. Anton solo abrió la boca y dejó que el ave metiera la cabeza para sacar los dientes sueltos.

**SIN PATA** Elsa, una terrier de cinco meses, se arrancó una pata para liberarse de un cordón de cortina en su casa en Milwaukee, Wisconsin, EE.UU. Aunque perdió su pata trasera izquierda, puede moverse bien con sus tres patas restantes.

**MOSCA FAMOSA** *Campsicnemus charliechaplini* es una especie de mosca nativa de Hawái que se llama así por su tendencia a morir con sus patas medias en posición patizamba, como la famosa postura de Charlie Chaplin.

**RONRONEO FUERTE** Merlin, un gato blanco y negro de Tracy Westwood de Torquay, Devon, Inglaterra, tiene un ronroneo de 67.8 decibeles, casi tres veces más alto que el ronroneo de un gato promedio, y más ruidoso que una lavadora.

**ALCALDE CANINO** Frida, una perra cruzada de Chihuahua, fue alcalde por un día de San Francisco, California, EE.UU., el 18 de noviembre de 2014, como parte de una campaña de apoyo al Departamento de cuidado y control de animales. Pasó el día en visitas y en el ayuntamiento, y luego le dieron un paquete de jubilación con una cama de perro y una cesta de regalos. Su corto mandato fue posible gracias a que su dueño, Dean Clark, ganó una subasta de recaudación de fondos, con un pago de 5,000 USD.

# ANOMALÍA ANIMAL

La isla de Vamizi, frente a la costa de Mozambique, dio la bienvenida a cuatro raras tortugas marinas albinas el 25 de mayo de 2015, un hito en el programa de monitoreo de tortugas marinas que comenzó en 2003. Los ojos rojos de las crías indican que son verdaderas albinas.

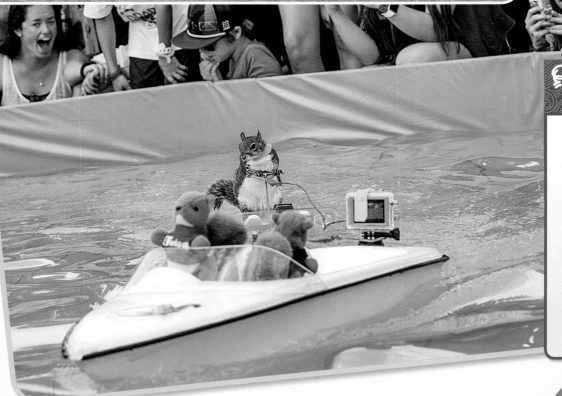

**CINCO BOCAS** Un becerro mutante con cinco bocas nació en una granja lechera en Narnaul, India. Sus diez labios se abrían cuando mamaba de las ubres de su madre, aunque solo podía beber con dos de sus bocas. Los adoradores hindúes llegaban desde lejos para visitar al extraño animal, cuyos ojos, uno azul y el otro negro, estaban situados de tal manera que solo podía ver objetos a la izquierda y a la derecha, y no directamente delante de él.

**MORDIDA** Una mordedura de la pequeña garrapata estrella solitaria, muy común en el este de Estados Unidos, puede impedir que alguien disfrute de las hamburguesas y el tocino. La garrapata *Amblyomma americanum* tiene una sustancia llamada alfa-gal, que hace que la gente se vuelva alérgica a la carne roja.

**TREN DE ORUGAS** La polilla procesionaria del pino de Europa y Asia se llama así porque cuando las orugas emergen de sus capullos forman un "tren" que puede tener cientos de orugas que se arrastran en fila india.

**SUERTE DE PERRO** Lucy, una dachshund miniatura de cuatro años, fue rescatada por los bomberos después de pasar 13 días bajo una losa de concreto en su casa de Derby, Kansas, EE.UU. Diez días después de que Lucy se perdió, Thor, otro de los perros de la dueña, Rebecca Felix, comenzó a interesarse por el lugar donde estaba atrapada Lucy. El esposo de Rebecca usó una aplicación en su teléfono para tocar un silbido agudo, lo que hizo que Lucy ladrara. Cuando excavó bajo la losa, pudo ver la nariz de Lucy y un ojo cerrado. Cuando la llamó, abrió el ojo.

**SORPRESA EN LA TRAMPA** Justin Casey puso una trampa para zorros en el bosque nacional Black Hills, en Dakota del Sur, EE.UU., pero terminó atrapando un puma. Lo liberó en el bosque, ileso.

**TRANSMUTADORA** La rana mutable (*Pristimantis mutabilis*) de Ecuador puede cambiar la textura de su piel de lisa a picuda en minutos, y de ahí su apodo de "rana punk". Los investigadores creen que lo hace para camuflajearse de los depredadores.

# CANICHE VOLADOR

Miles de nuevos insectos se descubren cada año en las selvas tropicales de América del Sur, pero con sus ojos saltones y pelaje como de algodón, la polilla caniche es realmente increíble. Cuando el Dr. Arthur Anker, zoólogo de la Universidad Federal de Ceará en Brasil, puso a este extraño bicho en Flickr, muchos pensaron que no era genuino, pero la suave polilla caniche es nativa de la región Gran Sabana del parque nacional de Canaima en Venezuela.

# GALLINAS DONG TAO

Con patas torpes y voluminosas del tamaño de un puño humano, las gallinas Dong Tao no son aves comunes. Esta raza vietnamita rara y muy apreciada procede de la comuna de Dong Tao en Khoai Chau, y antes se criaba exclusivamente para servirse a la realeza. Ahora, los gourmets pueden probar también este manjar si están dispuestos a pagar una buena cantidad. ¡Un par de gallinas Dong Tao puede costar 2,500 USD!

**DOS CABEZAS** En 2015, un toro de dos cabezas llamado "Two Face" se vendió en una subasta en Mareeba, Queensland, Australia, por más de 400 USD, es decir, 200 USD por cabeza. El animal de 440 kg estaba en excelentes condiciones, a pesar de tener una segunda cabeza con un ojo, un solo diente y fosas nasales funcionales, montada sobre la primera.

**VÓMITO URGENTE** Si los buitres de cabeza roja se ven amenazados por un depredador pero han comido demasiado, vomitan para vaciar sus estómagos y despegar con seguridad. Estos buitres también lavan sus patas con su orina, que actúa como desinfectante, para limpiarlas y mantenerlas frescas.

**PRÓTESIS PERRUNA** Nacido con patas delanteras anormalmente pequeñas terminadas en muñones, que no le permitían caminar ni correr, a Derby, un perro de un refugio de New Hampshire, EE.UU., le pusieron un par de prótesis hechas con una impresora 3D. Gracias a sus nuevas patas, ahora corre hasta 4.8 km al día con sus nuevos dueños, Sherry y Dom Portanova.

**JABALÍ PEQUEÑO** Debido a la escasez de alimentos en las pequeñas islas japonesas donde vive, el jabalí Ryukyu se ha reducido a la mitad del tamaño de sus primos en Asia continental y en otras islas japonesas más grandes.

**TINA ATESTADA** El zoólogo Chris Humfrey, de Macedon, Victoria, Australia, comparte su tina con Snappy Tom, un cocodrilo de agua salada de cuatro años, y Casper, una enorme pitón de cabeza negra.

**AVISPA DE HOCKEY** Una nueva especie de avispa descubierta en Kenia se llama *Thaumatodryinus tuukkaraski*, en honor al portero finlandés Tuukka Rask de los Boston Bruins de la NHL®, en parte porque su color amarillo con negro se parece a una camiseta de los Bruins. Robert Copeland, uno de los descubridores, también es un ávido aficionado a los deportes de Boston.

# 4 Cuerpo humano

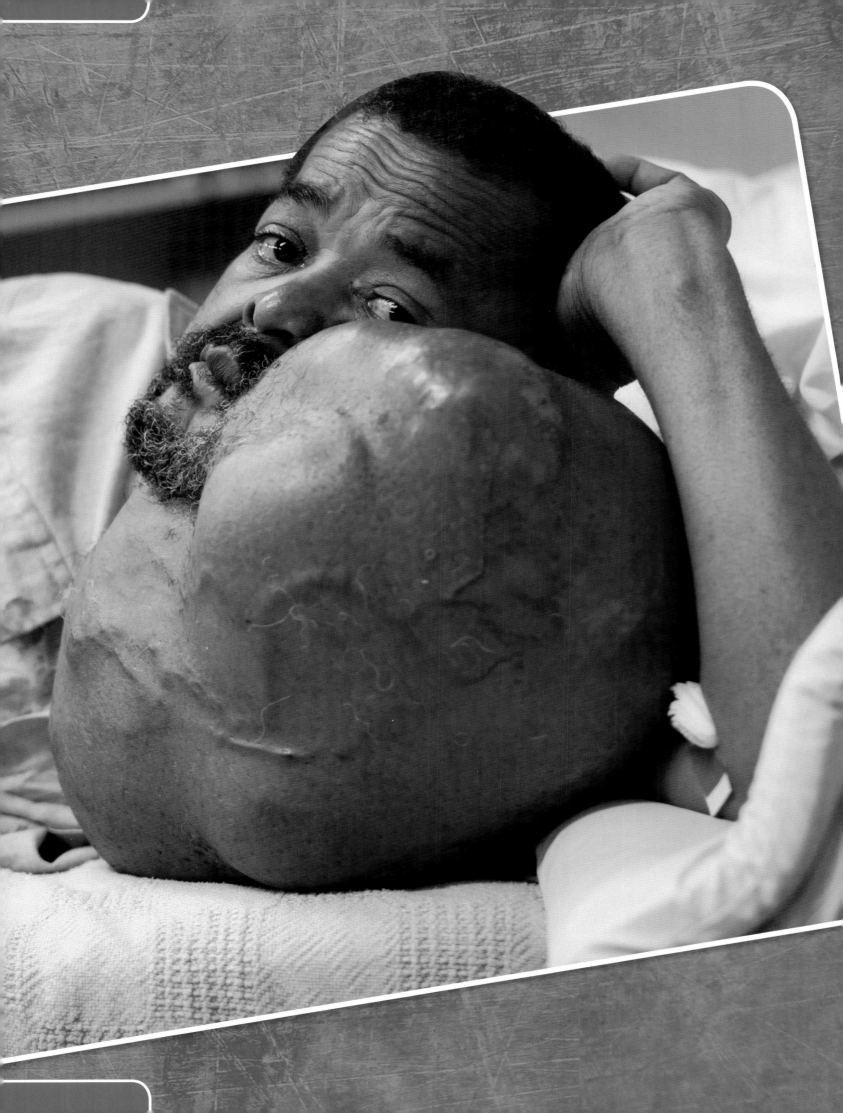

**CARA DE BEBÉ** Christian Sechrist, de Houston, Texas, EE.UU., se hizo un enorme tatuaje de su hijo, Perseus, en el lado izquierdo de la cara. Ya tenía otros tatuajes, incluido uno de un cráneo humano, en el otro lado de la cabeza.

**MAREO ETERNO** La abuela Diane Morley de Kent, Inglaterra, todavía sufre de mareos tres años después de viajar en un crucero a Noruega que se topó con una fuerte tormenta. Siente como si se balanceara constantemente, pierde el equilibrio y experimenta náuseas frecuentes. Le diagnosticaron el raro "mal de debarquement", para el que no se conoce una cura.

**SIN PULSO** Ruby Graupera-Cassimiro, de Deerfield Beach, Florida, EE.UU., sobrevivió a pesar de estar 45 minutos sin pulso después de dar a luz. Los médicos del hospital regional de Boca Ratón pasaron tres horas tratando de revivir a la mujer de 40 años, y estaban a punto de declararla muerta, cuando de repente, un ruido en un monitor indicó un latido cardíaco.

**CAMA DE CLAVOS** George "el gigante" McArthur, un artista de circo de 2.2 m, de Bakersfield, California, EE.UU., se puede acostar en una cama de clavos con pesas de 681 kg en su pecho.

**PÉRDIDA DE PESO** Desde 2011, Mayra Rosales, de La Joya, Texas, EE.UU., ha bajado más de 363 kg, el equivalente de casi cinco veces el peso de un adulto promedio. Solía pesar 470 kg y se pasó encamada muchos años.

**CARGA PESADA** Después de que un hombre de 200 kg sufrió un ataque cardíaco en la isla Haiyang, China, se necesitaron 10 hombres y una red de pesca grande para llevarlo al helicóptero que lo transportó a un hospital.

En la provincia de Hebei, en el norte de China, Jia Haixa, un hombre ciego, y Jia Wenqi, con una doble amputación, han plantado juntos más de 10,000 árboles en los últimos 10 años. Nacido con cataratas congénitas que le hicieron perder la vista del ojo izquierdo, Haixa también perdió la vista del ojo derecho después de un accidente de trabajo, mientras que Wenqi perdió ambos brazos en un accidente cuando tenía tres años. Como no podían conseguir trabajo por sus discapacidades, decidieron plantar árboles en un tramo de 8 hectáreas de la ribera, para beneficio del medio ambiente y las futuras generaciones, ya que protegían al pueblo cercano de las inundaciones.

Armados con solo un martillo y una varilla de hierro, Haixa y Wenqi comienzan a trabajar cada mañana cuando Wenqi carga al ciego Haixa para pasar un río rápido. Como no tienen dinero para comprar árboles jóvenes, recolectan esquejes; Haixa escala árboles grandes y Wenqi guía a su amigo ciego desde abajo.

# 10,000 árboles en 10 años

**REACCIÓN EXTRAÑA** Las personas con el problema cerebral de asimbolia al dolor no reaccionan normalmente al dolor, sino que los hace reír.

**ESFUERZO HEROICO** En 2015, Gunhild Swanson, de 71 años, de Spokane, Washington, EE.UU., se convirtió en la primera mujer de más de 70 años en acabar el ultramaratón Western States 100 de 160 km. Completó la carrera de California solo seis segundos antes del tiempo límite de 30 horas, pero corrió 4.8 km adicionales después de dar una vuelta equivocada.

**SÍNDROME DE ESTORNUDO** El reflejo de estornudo por luz brillante es la tendencia a empezar a estornudar al exponerse de repente a una luz brillante, por ejemplo, al salir de un cine oscuro a la luz del día.

**PARRILLADA HUMANA** En un intento por matar las células cancerosas de su cuerpo, el enfermo de leucemia sin dinero Jia Binhui de la provincia de Yunnan, China, se asó desnudo en una especie de asador sobre las brasas. Cuando se enteró de que las temperaturas por arriba de 42 °C pueden matar las células cancerosas, se quedó varios días en su jardín en dos troncos montados en pilas de ladrillos sobre unas brasas.

**CIEMPIÉS GIGANTE** Grant Botti, de 14 años, del condado de Saline, Arkansas, EE.UU., se despertó con un dolor insoportable en la oreja izquierda. Cuando se palpó para ver qué tenía, se sacó un ciempiés gigante de 10 cm de largo. Su madre puso al insecto en una bolsa y llevó a Grant al hospital, donde lo trataron por escoriaciones en el tímpano y el canal auditivo.

**GEMELO CEREBRAL** Los cirujanos de Los Ángeles, California, EE.UU., que operaban para extraer lo que creían que era un tumor cerebral de la estudiante de 26 años Yamini Karanam, de la Universidad de Indiana, se sorprendieron al ver que se trataba realmente de un teratoma, un gemelo embrionario con huesos, cabello y dientes que había estado alojado en su cabeza desde que nació.

# Protesta contra el toreo

Como parte de una campaña para prohibir las corridas de toros en su natal Colombia, Fanny Pachón hizo que le pusieran 2,500 agujas en el cuerpo, un récord mundial.

Después de años de intentar sin éxito crear conciencia y difundir su causa, Pachón y sus colegas realizaron la "protesta de agujas" frente a un ayuntamiento donde había fracasado una petición para prohibir las corridas de toros. En las corridas, el matador empala al toro con una espada o lanza, así que Pachón se perforó en un gesto de solidaridad con los animales torturados. También se hizo un tatuaje semipermanente en el brazo de una cabeza de toro ensangrentada.

> **¡2,500 agujas!**

## PREGUNTA ?

Ripley le preguntó a Mike sobre su nueva creación y su trabajo en general.

**P** ¿Qué edad tiene la persona más vieja que usa tu producto? ¿Y la más joven?

**R** Es curioso, el otro día recibí una llamada de alguien de 73 años que quería ir a esquiar. ¡73 y todavía quiere bajar por la montaña! Hay alguien en Canadá de casi 60 que usa el equipo para montar a caballo y en moto de nieve. Y hay un chico de 16 que lo usa.

**P** ¿En qué deportes extremos crees que se usen tus prótesis en el futuro?

**R** Bueno, acabo de fundar una empresa llamada Moto Sport Adaptive (MSA). Es una serie adaptable de motocross para parapléjicos y amputados de miembros superiores e inferiores. Muchos de los competidores van a usar el equipo de BioDapt en motos todo terreno.

**P** ¿Cuál ha sido la parte más gratificante de crear BioDapt?

**R** Originalmente, pensé que me permitiría volver a la acción, pero después de enseñarle a la gente a usar el equipo y ver sus rostros, sus sonrisas y la emoción, eso no tiene precio, y me mantiene motivado para diseñar mejores cosas. Algunos de los momentos más gratificantes son el trabajo con personal militar, cuyas vidas cambian por completo después de haberse lesionado en la guerra. Cuando veo a las personas que vuelven a hacer lo que hacían antes, eso es lo que me encanta de esto.

# RODILLA VELOZ

"Monster" Mike Schultz de Minnesota, EE.UU., ha ganado seis medallas de oro en los X Games de ESPN® con una prótesis que él mismo construyó con un sistema de articulación que patentó y amortiguadores FOX® para bicicleta de montaña.

En diciembre de 2008 le amputaron la pierna izquierda por arriba de la rodilla después de una carrera trágica. Cuando le pusieron una prótesis, descubrió que no era lo suficientemente adaptable para los deportes extremos que amaba. Para participar en una carrera de motocross en los X Games del verano de 2009, decidió construir una pierna para actividades de alto impacto, y en siete meses, ganó una medalla de plata en el evento. Lo que podría haber sido una lesión que lo hubiera retirado del deporte, terminó siendo un éxito del que incluso nació el negocio de Schultz, BioDapt, Inc., que fabrica prótesis deportivas para amputados en América del Norte.

**RCP SIN CESAR** Cuando encontraron sin pulso a Gardell Martin, de 22 meses de edad, de West Buffalo, Pensilvania, EE.UU., después de que cayó en un arroyo helado, volvió a la vida milagrosamente tras 101 minutos de reanimación cardiopulmonar ininterrumpida en una ambulancia, en el hospital local, a bordo de un helicóptero médico y finalmente en el ala pediátrica del centro médico Geisinger en Danville.

**ENVEJECIMIENTO PREMATURO** En junio de 2015, Ana Rochelle Pondare, de Filipinas, celebró su cumpleaños 18, pero la edad de su cuerpo era de 144 años. Sufre de un raro desorden genético, progeria, que hace que el cuerpo envejezca hasta 10 veces más rápido de lo normal. La gente que la padece no suele vivir más de 14 años.

**MASAJE DE GOLF** En el hotel Four Seasons de Scottsdale, Arizona, EE.UU., los masajistas alivian la tensión de los huéspedes haciendo rodar pelotas de golf calientes por los músculos de la espalda y cuello.

**POESÍA DE PESTAÑAS** Adam Bojelian, de Edimburgo, Escocia, nació con parálisis cerebral que no le permite moverse ni hablar, pero compuso poemas una letra a la vez, parpadeando. Su madre, Zoe, recitaba el alfabeto y él indicaba la letra que deseaba parpadeando.

**ESPALDA FAMOSA** Kevin J. McCarthy, de Frederick, Maryland, EE.UU., tiene tatuada en la espalda una lista de los primeros 20 jugadores de los Washington Redskins que ingresaron en el salón de la fama de la NFL®. El tatuaje tardó 16 horas y parece una tarjeta de futbol americano, con el número, la posición, el nombre, el apodo y el año de ingreso.

**CORAZÓN PAUSADO** Si se suman todas las pausas del corazón de una persona entre latidos, el corazón no late cerca de 12 años en una vida promedio.

**FESTÍN DE CHINCHES** Para tratar de encontrar un remedio contra las chinches, Regine Gries, bióloga de la Universidad Simon Fraser en Columbia Británica, Canadá, dejó que la mordieran los bichos más de 100,000 veces. Una vez al mes durante más de nueve años, dejó que hasta mil chinches a la vez mordieran sus brazos unos 10 minutos, pero su sacrificio ha dado frutos, porque ella y su esposo Gerhard han perfeccionado un producto químico que puede alejar a los insectos de los colchones.

**SOSTÉN PROTECTOR** Cuando un ladrón disparó contra Ivete Medeiros, de Belém, Brasil, ella se salvó porque la bala se alojó en su sostén en lugar de entrar en el corazón.

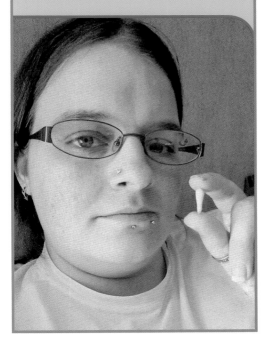

# HÉROE DE LA GUITARRA

Mark Goffeney, de San Diego, California, EE.UU., se enseñó a tocar la guitarra y el bajo desde niño, a pesar de que nació sin brazos. El músico de 46 años usa una técnica especial: pone el instrumento en el suelo y luego rasguea con el pie izquierdo y hace los acordes con el derecho. Actualmente, Goffeney y su banda Big Toe se presentan en Estados Unidos, y Goffeney a menudo actúa solo en otros países.

# CEREBRO Y BELLEZA

Durante un viaje de pesca con su esposo en Hell's Canyon, Idaho, EE.UU., la ex reina de belleza Jamie Hilton se resbaló y cayó 4 m. La severa inflamación de su cerebro obligó a los médicos a retirar el 25 por ciento de su cráneo, y guardarlo bajo la piel del abdomen. Este procedimiento, llamado hemicraniectomía, ayudó a reducir la presión en la cabeza y mantuvo el hueso estéril y en buen estado dentro del cuerpo. Se quedó ahí seis semanas antes de la exitosa cirugía para volver a unir el cráneo. Desde entonces, la ex Miss Idaho se ha recuperado de forma milagrosa.

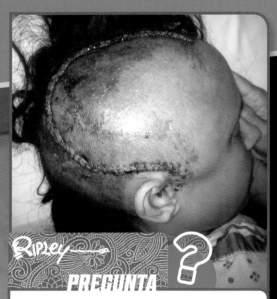

> ¡Cráneo bajo la piel!

## PREGUNTA

Jamie habló con Ripley sobre su cirugía de cráneo.

**P** ¿Qué se siente tener un pedazo de cráneo en el abdomen?

**R** Pocas veces lo sentí en mi estómago. El borde ocasionalmente se frotaba y se movía debajo de mi costilla, lo que causaba incomodidad, como un músculo fatigado o un calambre, pero cuando unieron de nuevo el cráneo, sentí de inmediato una alineación en mi cuerpo: estaba completo otra vez.

**P** ¿Cuál fue la parte más difícil de la recuperación?

**R** La fatiga fue difícil, pero en medio de todo el suplicio, no fue tan difícil para mí, porque me tenían con analgésicos. Fue más difícil superar el trauma emocional y mental, y mis temores. Como estaba haciendo algo tan seguro como pescar, me daban miedo otras cosas "seguras", como meterme a la ducha o caminar en un camino sin banqueta.

# VISIÓN NOCTURNA

En 2015, un grupo de "biólogos DIY" de California, EE.UU., llamado Science for the Masses dio con éxito al investigador bioquímico Gabriel Licina visión nocturna temporal. Al inyectarle directamente en los ojos un compuesto que se encuentra en algunos peces de aguas profundas, Licina pudo ver a más de 49 m en la oscuridad: identificó objetos en movimiento y reconoció símbolos contra diferentes fondos. Describió la experiencia como un "azul verdoso negro y rápido frente a mi vista", pero el compuesto se disolvió después en su retina, y se restauró su visión normal.

**HORROR OCULAR** Los guardias dijeron que Colin Corkhill, de Scottsdale, Arizona, EE.UU., utilizó sus dedos para sacarse el globo ocular derecho de la cuenca, en la cárcel del condado Pinal, cerca de Phoenix. Los médicos no pudieron salvarle el ojo.

**SILLA DE RUEDAS ESPECIAL** El estudiante de ingeniería de la Universidad de Florida Central y entusiasta del cosplay Ben Carpenter, que nació con atrofia muscular espinal, le dio a su silla de ruedas un aspecto macabro basado en la película *Mad Max: Furia en el camino*. La arregló para que pudiera engancharse a un carro con cadenas y luego se vistió como Max Rockatansky para parecer un banco de sangre móvil.

**AVENTURAS EN SUEÑOS** El sonámbulo extremo Daniel Toft, de Yorkshire, Inglaterra, se ha lastimado al escalar una pared del jardín, lo han encontrado dormido en la puerta de una tienda, y una vez corrió por la calle gritando que tenía arañas por todo el cuerpo.

**CINTURA DE AVISPA** Para tener una cintura de 50 cm, la modelo venezolana Aleira Avendaño ha llevado un corsé muy ceñido 23 horas al día durante más de seis años. Duerme con el corsé y solo se lo quita una hora al día para lavarse.

**SELFIES DE BARBA** Desde junio de 2014, Justin Basl, de Las Vegas, Nevada, EE.UU., pasó un año entero sin afeitarse y se tomó un selfie todos los días para crear un video de cámara rápida que muestra el crecimiento de la barba.

▶▶ DESPUÉS DE SUFRIR DOLORES DE CABEZA Y CONVULSIONES, LE SACARON DEL CEREBRO A UNA MUJER EN CHINA UN PARÁSITO DE 8 CM, CAUSADO POR COMER RANAS VIVAS.

**DOBLE DE DICTADOR** Wang Lei, de Nanjing, China, se ha sometido a cirugías estéticas para parecerse al líder norcoreano Kim Jong-un. Como admirador del dictador, Wang también usa trajes grises como Kim y lleva el cabello de forma idéntica.

**PEQUEÑA HEROÍNA** Lexi Shymanski, de cinco años, de Prince George, Columbia Británica, Canadá, salvó la vida de su familia al escalar descalza por un acantilado en Alberta después de un accidente que dejó inconscientes a su madre Angela y a su hermano menor Peter. Su mamá se desmayó al volante y se estrelló contra un árbol antes de caer por un terraplén de 12 m, pero Lexi logró desabrochar el arnés de cinco puntos en su asiento, salir del vehículo y subir gateando por el acantilado para pedir ayuda.

**MUJERES ROJAS** Las mujeres himba del norte de Namibia parecen de color rojo brillante porque se cubren el pelo y la piel con *otjize*, una pasta hecha de grasa de leche y ocre rojo (un pigmento natural de tierra con óxido de hierro), para protegerse del sol.

**PIEL DIDÁCTICA** La doctora Zoe Waller, profesora de farmacología de la Universidad de East Anglia en Norfolk, Inglaterra, utiliza su inusual enfermedad en la piel como auxiliar didáctico. Sufre de dermatografía, que hace aparecer una erupción roja en la piel después de presionarla, aunque sea levemente; la aprovecha para dibujar imágenes de moléculas en su brazo con un lápiz romo o un palillo. Sus estudiantes deben aprender 100 fármacos para su curso, así que cada día dibuja la composición química de uno nuevo en su piel.

**CUCHILLO VELOZ** Juacelo Nunes viajó en su moto 96 km a un hospital con un cuchillo clavado en la cabeza después de que lo apuñalaron en una fiesta en Agua Branca, Brasil. La hoja de 30 cm de largo entró cerca de su ojo izquierdo y pasó por su boca hacia el lado derecho de la mandíbula. De alguna forma completó el viaje de dos horas a pesar de que también sufrió heridas en la garganta, hombro y pecho.

## Gemelo parasitario

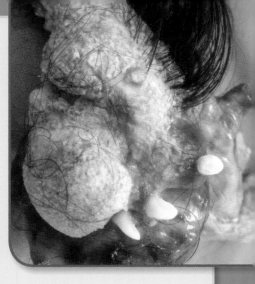

Después de sufrir dolor de estómago, pérdida de peso y vómitos, un joven de 18 años de Uttar Pradesh, India, descubrió que sus síntomas los causaba un gemelo parasitario no nacido. En enero de 2016, los médicos extrajeron de su abdomen una masa de 20 cm de hueso, pelo, dientes y líquido amarillento parecido al amniótico. Esta extraña anormalidad en el desarrollo se llama "fetus in fetu". Un feto gemelo envuelve al otro y el gemelo envuelto vive de los nutrientes del suministro de sangre de su hermano.

## Los SIAMESES más viejos

> ¡Inseparables desde 1951!

En 2014, Ronnie y Donnie Galyon celebraron no solo su cumpleaños 63, sino también que se convirtieron en los siameses más viejos del mundo, batiendo el récord de Giacomo y Giovanni Battista Tocci de Italia. Los gemelos están unidos por la cintura, de frente. Tienen cuatro brazos y cuatro piernas, y corazones y estómagos separados, pero comparten el tracto digestivo inferior, la ingle, los genitales y el recto. Los gemelos Galyon nacieron sanos en Dayton, Ohio, EE.UU., en octubre de 1951, y siguen unidos desde entonces.

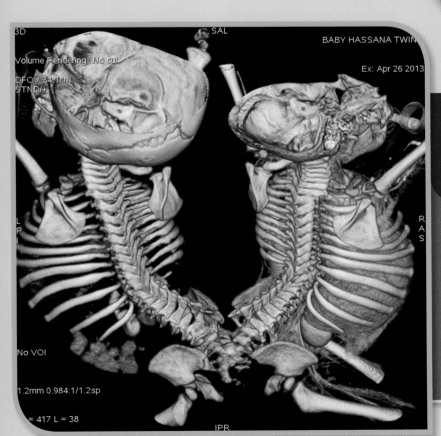

# Bebé de 8 extremidades

En la pequeña ciudad de Dumri-Isri, India, miles de adoradores hindúes se reunieron para celebrar el nacimiento de un bebé con ocho extremidades. Nació con cuatro piernas y cuatro brazos, y se cree que fue el resultado de un gemelo siamés subdesarrollado. Los adoradores creen que el bebé es una reencarnación del dios hindú Ganesha.

## Ripley —∾ Investiga

Los gemelos siameses nacen una vez cada 200,000 partos, son genéticamente idénticos y siempre del mismo sexo. Las siamesas tienen más probabilidades de sobrevivir que los siameses. Hay dos teorías sobre el desarrollo de los siameses. Según una, cuando un embrión se divide, la separación se detiene antes de que el proceso se complete. La otra teoría sugiere que dos embriones separados se fusionan durante el desarrollo.

# SEPARADAS DESPUÉS DE NACER

Esta tomografía de alta definición muestra la fusión espinal de las siamesas Hussaina y Hassana Badaru de Kano, Nigeria, antes de su separación en agosto de 2013. Nacieron con una afección llamada pygopagus; estaban unidas por la cadera y las médulas espinales, y compartían un paso gastrointestinal inferior y los genitales. Al año de edad las separaron en el Super Specialty Hospital BLK en Nueva Delhi, India, en una difícil operación de 18 horas con 40 médicos. Fue la cuarta operación de este tipo en el mundo, y el procedimiento en dos partes costó 100,000 USD y lo pagó un filántropo nigeriano. Era tan arriesgado, que los médicos tuvieron que practicar en maniquíes antes de intentarlo.

# HELADO Y PICUDO

En el concurso internacional de cabellos congelados de Takhini Hot Springs en Whitehorse, Yukón, Canadá, los competidores se bañan a temperaturas de –30 °C para crear peinados locos congelados. Sumergen el pelo bajo las aguas termales a 40 °C y luego lo ponen en la nieve, lo dejan congelar y le dan forma. A esas temperaturas, el cabello húmedo puede congelarse en menos de un minuto.

**CABEZA PATEADA** Puskar Nepal, un adolescente nepalés, puede patearse en la cabeza 134 veces por minuto. Practicó nueve meses para hacer más flexible su cuerpo, y ahora puede incluso alternar los pies para dar patadas.

**BEBÉ MILAGROSO** Sharista Giles, de Sweetwater, Tennessee, EE.UU., tuvo un grave accidente de coche cuando estaba embarazada, y solo se enteró de que había dado a luz cuando despertó del coma cuatro meses más tarde.

**PIEL FINA** La piel de los pies de las personas es más de 30 veces más gruesa que la piel de los párpados. La piel humana tiene un mínimo de 1.5 mm de grueso en la planta de los pies, pero solo 0.05 mm en los párpados.

**CURA DRÁSTICA** Los médicos en los siglos XVIII y XIX solían cortar la mitad de la lengua de los tartamudos, para "curarlos".

**NIÑO MARIPOSA** Song Liuchen, de la provincia de Henan, China, nació con una afección muy rara llamada *epidermolysis bullosa*, que hace que su piel se caiga mientras duerme; no se esperaba que viviera mucho, pero ocho años más tarde sigue vivo y es el primero de su clase en la escuela. Su madre, Wang, tiene que cambiar las sábanas todos los días, porque siempre están cubiertas de sangre y líquido de las heridas de su frágil piel, como de mariposa.

**PIEL DE GUSANO** Al notar unas manchas e irritación en el cuerpo tras un viaje de seis meses a África, el Sr. Ma, de Guangzhou, China, fue a ver a un dermatólogo, que descubrió que las llagas eran causadas por gusanos vivos que anidaban debajo de su piel. Le extirparon 20 gusanos de la mosca tumbu, cuyas larvas se alimentan de tejido humano.

**ESCRITOR NASAL** Richard Hopley, de Liverpool, Inglaterra, sufre de parálisis cerebral. Se pasó un año escribiendo un libro de poemas en un iPad® usando su nariz para teclear.

**PEZ GASA** Algunos peces son más eficaces que las gasas para las heridas. En la Universidad de Shanghai en China se descubrió que las fibras ricas en colágeno de la tilapia fomentan el crecimiento de la piel más rápido que los apósitos normales.

**ALERGIA ELÉCTRICA** Peter Lloyd, de Cardiff, Gales, tiene una alergia severa a la electricidad, por lo que no puede prender la luz ni usar aparatos eléctricos como televisores o celulares. Sufre de una rara enfermedad debilitante, hipersensibilidad electromagnética, que le causa dolor cuando entra en contacto con cosas eléctricas. Incluso tiene miedo de salir de su casa, porque puede encontrarse con alguien con un taladro o un teléfono.

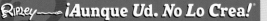
**DIFERENCIA DE NIVEL** Joelison Fernandes da Silva, que desarrolló gigantismo de niño y que ahora mide 2.37 m de altura, está casado con Evem Medeiros, que con su metro y medio de estatura, es casi 90 cm más baja y solo le llega a la cintura. Cuando están de pie, Evem tiene que subirse en una silla para besarlo. El gigante apacible de Paraiba, Brasil, medía 1.9 m a los 14 años y usa zapatos especiales del 39.

**MIS UÑAS** Jerry Robertson, de Manning, Carolina del Sur, EE.UU., ha guardado sus pedazos de uñas cortadas desde 1969.

**PARTO DE BAÑO** Una mujer llamada Manu dio a luz en el baño de un tren en Rajastán, India, y su bebé se cayó por el drenaje y terminó en las vías. Aunque Manu se había desmayado, un guardia escuchó el llanto del bebé y avisó a los encargados del tren, para que lo detuvieran y rescataran al niño.

**COLUMNA ROBÓTICA** Después de tres décadas de vivir con dolor por una columna vertebral curvada a 130 grados, Deirdre McDonnell, de Drogheda, Louth, Irlanda, se convirtió en el primer adulto del mundo con una "columna robótica". Le insertaron en la espalda barras magnéticas controladas remotamente para corregir la curvatura y enderezar la columna.

**BAÑO DE HIELO** Después de que Bulent Sonmez sufrió un ataque cardíaco masivo y no pudieron revivirlo, los médicos en Ankara, Turquía, lo pusieron en una tina con hielo, y el shock hizo que su corazón empezara a latir de nuevo.

## Ripley Investiga

Los **rayos X**, que se utilizan ahora en todas partes, desde hospitales hasta aeropuertos, ¡se descubrieron por accidente! El científico alemán Wilhelm Conrad Roentgen (1845-1923) experimentaba con tubos de vacío, cuando notó un resplandor en una pantalla cercana recubierta químicamente, que llamó "rayos X". **Cuando tomó la primera radiografía, de la mano de su esposa, en 1895,** ella le dijo: "¡Ya vi mi muerte!"

**BOLA DE PELO** Cirujanos de Delhi, India, retiraron una enorme bola de pelo de 1.2 m del estómago de Sivam Kumar, de cuatro años. Se había estado comiendo su propio pelo durante nueve meses, lo que se conoce como *tricofagia*, y se había tragado tanto, que ya no podía ingerir comida, solo agua. Sus padres ahora le afeitan la cabeza para evitar una recurrencia.

**PATRIOTA VERDADERO** El aficionado de los New England Patriots, Victor Thompson, de New Hampshire, EE.UU., tiene un tatuaje del casco del *quarteback* Tom Brady, de la NFL®, en toda su cabeza. El tatuaje incluye el logotipo del equipo, el número "12" de Brady, un trofeo del Super Bowl y dibujos de firmas de jugadores famosos del equipo.

**TEMOR FAMILIAR** La gente con *singenesofobia* tiene un miedo anormal y persistente de todos sus parientes vivos.

**TRAMPA DE BAÑO** Una mujer a la que se le atoró el pie en su baño en Guangxi, China, tuvo que ser rescatada por los bomberos, con una cuchara. Se resbaló mientras tomaba una ducha, y su pie quedó atorado en el pequeño inodoro de porcelana en el suelo. Cuando los bomberos llegaron, rompieron la taza, pero no pudieron sacar su pie, por lo que excavaron los escombros con una cuchara hasta que pudo levantar el pie.

**TATUAJE DE FRIJOLES** Barry Kirk, un excéntrico galés que se cambió oficialmente su nombre a "Captain Beany", porque le encantan los frijoles en salsa de tomate, celebró su cumpleaños 60 con un tatuaje de 60 frijoles en su cabeza.

# Herido cortés

Jonás Acevedo Monroy, de 32 años, estaba en un bar de Chihuahua, México, cuando un cliente enojado le clavó unas tijeras en la parte superior izquierda del cráneo, cerca del lóbulo parietal, y casi lo mató. El asaltante huyó y un amigo llevó a Jonás, que estaba empapado de sangre, pero consciente, a un hospital cercano, donde cuentan que señaló las tijeras y dijo que "tenía un pequeño problema", pidió ayuda cortésmente y se desmayó. Lo operaron de inmediato y le sacaron con éxito las tijeras; la policía atrapó a su atacante.

**SUEÑO PROFUNDO** Georgia Green, de Adelaida, Australia Meridional, sufre del síndrome de Kleine-Levin, un trastorno neurológico raro que hace que duerma sin despertarse propiamente hasta 10 días a la vez, y no se conoce una cura.

**UN MAL DÍA** Brock Leach, de 14 años, cayó 30 m por un acantilado en Cornualles, Inglaterra, y al escalar para ponerse a salvo antes de que subiera la marea, lo mordió una *Vipera berus*, la única serpiente venenosa de Gran Bretaña. Se fracturó la pelvis y sufrió magulladuras por la caída y su brazo se hinchó a tres veces su tamaño normal por la mordedura, pero se recuperó después de que lo trasladaron al hospital, donde recibió tratamiento contra el veneno.

# Tumor de 7 kg

En 2015, médicos de Mercy Ships, una organización sin fines de lucro que ofrece atención médica gratuita en barcos a países pobres, extirparon un tumor facial de 7.46 kg que tuvo un hombre de Madagascar durante casi 40 años. El tumor, que pesaba el equivalente de dos cabezas, empezó como una pequeña bola en la mejilla del hombre. La compleja operación tardó 12 horas y se requirieron transfusiones de sangre de 17 voluntarios de la tripulación de Mercy Ships, que también hacen las veces de banco de sangre para los pacientes. Tras su recuperación, seis de los tripulantes se adentraron durante cinco días en zonas remotas de Madagascar, para llevar al paciente a su aldea.

**SALVADO POR SIRI** Atrapado debajo de casi 2,270 kg de metal después de que su camión le cayó encima mientras trataba de repararlo, Sam Ray, de 18 años, de Waterhill, Tennessee, EE.UU., le debe la vida a Siri, el programa de voz de su iPhone®. Mientras luchaba por liberarse, escuchó la voz familiar de Siri que se activó, y le dijo: "Llama al 911". Siri llamó al despachador de emergencia, que primero pensó que era una llamada por error, hasta que escuchó los gritos de Ray y pudo identificar su ubicación usando la señal del celular.

**LENGUA LARGA** Adrianne Lewis, de 18 años, de Twin Lake, Michigan, EE.UU., tiene una lengua de 10 cm de largo, con la que puede tocarse la nariz, el mentón y el codo. Incluso puede tocar su globo ocular si usa un dedo para empujar un poco más su lengua.

**TIRA DE ADN** Si se desenrollara, el ADN de todas las células del cuerpo humano cubriría 108 mil millones de kilómetros, unos 150,000 viajes de ida y vuelta a la Luna.

**LLAMADA INTERNA** Hanan Mahmoud Abdul Karim afirma que el celular de su ginecólogo se quedó dentro de su vientre después del nacimiento de su hijo, pero que solo se dio cuenta horas después cuando comenzó a vibrar dentro de ella. La habían internado en un hospital privado en Ammán, Jordania, para una cesárea, y después de dar a luz, la enviaron a su casa, donde su familia notó que tenía dolor y que su abdomen parecía estar vibrando. Luego la llevaron a otro hospital, donde según ella, los rayos X revelaron un objeto extraño, y así fue como retiraron quirúrgicamente el teléfono.

# Trueque literario

El 8 de agosto de 2015, para ayudar a preparar a los alumnos para el nuevo año escolar, Courtney Holmes, un peluquero de Dubuque, Iowa, EE.UU., ¡ofreció cortes de pelo gratis a los niños de su vecindario que le leyeran sus libros favoritos!

El paciente se reúne con uno de sus donantes antes de la cirugía.

Allison Heermance, de Mercy Ships, cambia las vendas mientras el paciente mira su nueva cara.

Mientras se recupera de la cirugía que cambiaría su vida, el paciente posa con 14 de sus donantes de sangre voluntarios.

**ORINA RECICLADA** La penicilina era antes tan rara, que se reciclaba de la orina de los pacientes tratados.

**BICHO PULMONAR** Phil Lyndon, de Londres, Inglaterra, padecía desde hacía tiempo una enfermedad de los bronquios, cuando tosió un insecto café de 5 mm de largo. Se cree que se tragó la ninfa de efímera, que había estado viviendo en sus pulmones, mientras dormía.

**AYUDA INESPERADA** Mientras cubría el terremoto de 2015 en Nepal, el corresponsal médico principal de CNN, el Dr. Sanjay Gupta, tuvo que operar a una niña de 14 años con una sierra. Un equipo médico nepalés le pidió ayuda con una craneotomía para Selena Dohal, cuyo cráneo se fracturó cuando le cayó encima el techo de una casa en Panchkhal.

**CAMINATA NOCTURNA** La sonámbula Marie Lord, de Somerset, Inglaterra, salió de su casa en mitad de la noche. Había caminado casi un kilómetro antes de bajar unas escaleras hacia el mar, donde de pronto se despertó por el sabor de sal y arena en la boca, mientras las olas rompían a su alrededor. Se las arregló para regresar a la playa y se aferró a unas rocas hasta que sus gritos alertaron al portero de un hotel, que fue a rescatarla.

**INJERTO DE OREJAS** Kieran Sorkin, de nueve años, de Hertfordshire, Inglaterra, nació sin orejas; los médicos le hicieron un par usando cartílago que tomaron de sus costillas. Injertaron las orejas en su cabeza, bajo unas bolsas de piel. Si bien fue un procedimiento cosmético, quedaron tan bien, que un año más tarde pudo usar anteojos de sol por primera vez.

**PARACAIDISTA RESCATADO** Antes de que pudiera abrir su paracaídas, Christopher Jones, de 22 años, de Perth, Australia Occidental, sufrió convulsiones y perdió el conocimiento a 2,743 m de altura, en Pinjarra. Afortunadamente, su instructor, Sheldon McFarlane, logró asir a Jones en caída libre y tirar de su cordón. Jones recuperó el conocimiento y pudo aterrizar sin ayuda.

**PESO DE OSO** Eddie "The Beast" Hall, de Stoke-on-Trent, Staffordshire, Inglaterra, puede levantar 463 kg, el equivalente de un oso polar adulto. Hall pesa 172 kg, así que es capaz de levantar casi tres veces su propio peso corporal.

**HONOR DUDOSO** En 1993, un doctor aficionado al baloncesto nombró a una recién descubierta variedad de bacterias *Salmonella mjordan*, por la estrella de la NBA® Michael Jordan.

# OREJA EN EL BRAZO

El artista y profesor australiano Stelarc (Stelios Arcadiou) utiliza modificaciones corporales y tecnología en su proyecto actual, "Oreja en el brazo", una oreja construida quirúrgicamente en su antebrazo izquierdo. Después de que tuvo la idea en 1996, Stelarc tardó diez años en encontrar un equipo de médicos dispuesto a realizar la cirugía para plasmar su visión. Todavía intenta formar un lóbulo usando sus propias células madre adultas, un procedimiento ilegal en Estados Unidos, e instalar un micrófono conectado con Wi-Fi para que cualquier persona pueda escuchar lo que oye las 24 horas del día.

**AMÍGDALAS GIGANTES** Cuando a Patrick Kelleher, de Murray, Utah, EE.UU., le extirparon las amígdalas, eran tan grandes que la operación tardó el doble de tiempo, y en lugar de que las dos amígdalas cupieran en un solo recipiente, cada una necesitó un frasco. Su amígdala izquierda midió 6 cm de largo, 3.5 cm de ancho, 3 cm de espesor y pesó 28 gramos, casi del tamaño de una pelota de tenis, mientras que su amígdala derecha midió 5 cm de largo, 3.5 cm de ancho, 2.5 cm de espesor y pesó 25 g, un poco más grande que una pelota de golf.

▶▶ DURANTE OCHO AÑOS, DESDE 2007, UN ESTUDIANTE BRITÁNICO DE 23 AÑOS HA EXPERIMENTADO ATAQUES DE DÉJÀ VU PERSISTENTE E INTENSO.

**CIRUGÍA DE PIEDRAS** Cuando Mousumi Dam, de 49 años, de Calcuta, India, se quejó de dolores de estómago, los médicos le sacaron 360 cálculos biliares.

**MEMORIA BREVE** Desde que sufrió una grave lesión cerebral en un accidente de coche a los 17 años, Chen Hongzhi, de 26 años, de Beipu, Taiwán, solo recuerda los últimos cinco minutos. Tiene que escribir en un cuaderno todos los detalles de su vida, como quiénes son sus amigos, para recordarlos. También usa el cuaderno para registrar lo que hace cada día, las personas que conoce, el clima, etc., porque cada mañana tiene que empezar desde cero, con su madre recordándole que ya no tiene 17 años.

**BALA PERDIDA** Una bebé nació viva en Bangladesh, a pesar de que la alcanzó una bala mientras aún estaba en el útero. La bala atravesó el hombro de la bebé Suraiya y le dañó el ojo cuando le dispararon accidentalmente a su madre, Najma, en un mitin político en 2015, en Magura. Por suerte, la bala no causó daños permanentes al feto, que nació después de una cesárea de emergencia de tres horas.

**MARCAS CORPORALES** Ciera Swaringen, de Rockwell, Carolina del Norte, EE.UU., tiene cientos de marcas de color oscuro que cubren más de dos tercios de su rostro y cuerpo, la más grande desde el ombligo hasta la parte inferior de los muslos. Nació con una rara afección de la piel, nevus melanocítico congénito, que causa las enormes marcas parecidas a lunares.

**ÁRBOL DE LA SUERTE** El holandés Mamitho Lendas es la primera persona que ha sobrevivido una caída desde el "Fin del mundo", un acantilado de 1,200 m de altura en Sri Lanka, cuando un árbol detuvo su caída. Estaba en su luna de miel, y mientras tomaba una foto de su esposa, retrocedió demasiado y cayó por el borde. Quedó atrapado en el árbol tres horas y media antes de que lo rescataran.

**TERROR DENTAL** Angie Barlow, una madre de Manchester, Inglaterra, tenía tanto miedo de ir al dentista, que durante más de 10 años, cada vez que un diente se le caía, lo pegaba de nuevo en su boca. Sin embargo, las sustancias químicas tóxicas en el pegamento hicieron que perdiera el 90 por ciento del hueso que sostiene los dientes en la mandíbula superior. Esto la obligó a ir al dentista para que le pusieran implantes de titanio y dientes falsos atornillados, para restaurar su sonrisa.

**EL PODER DE LA ORINA** Orinar sobre ciertas flores cortadas, como rosas, gerberas y narcisos, puede hacer que duren el doble de tiempo. La urea en la orina, combinada con otros ácidos, impide que los tallos sumergidos en agua se contaminen con bacterias que matarían las flores.

# Pestañas largas

Valery Smagliy, de Kiev, Ucrania, tiene pestañas extremadamente largas, de unos 3 cm, y dice que se debe a algo que come, que mantiene en secreto. Aunque el hombre de 58 años disfrutaba de la atención de las mujeres, decidió recortar sus pestañas, porque eran muy pesadas para los párpados y distraían a la gente que hablaba con él.

**GEMELOS POR DOQUIER** De 11 bebés nacidos en el Hospital Bozeman Deaconess de Montana, EE.UU., el 22 de julio de 2015, más de la mitad fueron gemelos.

**ALERGIA ALIMENTARIA** Alex Visker, de Lehi, Utah, EE.UU., es alérgico a todos los alimentos, y durante más de cuatro años, desde que tenía 15 años, ha tenido que depender de un tubo de alimentación para recibir nutrientes. Después de estar enfermo gran parte de su infancia, descubrieron que tenía una rara enfermedad, sin nombre, que lo hace alérgico a las proteínas en la comida; nunca podrá comer normalmente. Incluso un bocado es suficiente para darle dolor de estómago, fatiga, dolor de cabeza y náuseas extremas.

**ESTÓMAGO FUERTE** La acróbata Asha Rani hizo que pasaran 40 motos sobre su estómago en un minuto en su pueblo de Rampur Attari, en Punjab, India, en julio de 2014.

**IMPUESTO AL TATUAJE** La gente en Arkansas, EE.UU., debe pagar un impuesto estatal de seis por ciento por cualquier piercing o tatuaje en el cuerpo.

**CURA DE RATÓN** Un remedio popular para las verrugas en la Inglaterra del siglo XVI era cortar un ratón a la mitad y aplicarlo a las verrugas.

**DOLOR COMPARTIDO** El Dr. Joel Salinas, neurólogo del Hospital General de Massachusetts en Boston, EE.UU., sufre de un raro desorden llamado sinestesia espejo-tacto, que le permite experimentar las mismas sensaciones que observa en otras personas, incluidos sus pacientes. Cuando vio una amputación en la escuela de medicina, sintió como si le cortaran su propio brazo.

Cuando tenía 8 años, Zion Harvey recibió un regalo increíble: ¡dos manos nuevas! Había perdido las manos y los pies cuando era bebé, pero en julio de 2015, el Hospital Infantil de Filadelfia en EE.UU. realizó el primer trasplante bilateral pediátrico de mano. La compleja operación duró 10 horas, y tuvieron que conectar huesos, vasos sanguíneos, músculos, tendones y piel. Zion espera poder divertirse en los juegos del parque y cargar a su hermanita con sus nuevas manos.

# Transplante DE MANOS

# COPO DE PIEL

La escarificación se practica en algunas sociedades africanas como forma de identificación cultural; son diseños cortados o raspados en la piel humana para crear una cicatriz permanente. Ahora también son populares en otras partes. En agosto de 2014, el artista del tatuaje Ulises Jacome, de Quito, Ecuador, cortó pedazos de piel del brazo de Andrés Ramos para crear un tatuaje de escarificación en forma de copo de nieve.

**CUERPO DE PIEDRA** Joey Suchanek, de Poughkeepsie, Nueva York, EE.UU., se está convirtiendo lentamente en piedra. Tiene un trastorno genético raro, *fibrodisplasia osificante progresiva*, que hace que sus músculos, ligamentos y tendones se vuelvan hueso sólido, por lo que cada vez le resulta más difícil moverse. Es una de las 800 personas en el mundo que padecen este trastorno, para el que no se conoce una cura.

**VIENEN EN TRES** Un hombre de Kunshan, China, sobrevivió tras ser golpeado por tres coches en el mismo accidente. El Sr. Li trataba de cruzar un camino muy transitado cuando dos coches lo golpearon en cuestión de segundos. Cuando algunos transeúntes iban en su ayuda, un tercer coche frenó bruscamente para evadirlo, pero otro vehículo que venía atrás chocó con el coche, que al moverse atropelló al desafortunado Li. Sufrió fracturas de piernas y costillas, pero se recuperó.

**AGUJA ROTA** Xu Long de Jiangxi, China, tuvo una aguja de acupuntura en su intestino durante 40 años. En 1974 le pusieron agujas, pero con el tiempo empezó a sentir dolor de pecho y espalda. Los médicos creyeron que era un problema de la edad, hasta que una radiografía reveló la presencia de una aguja rota de 3 cm en su cuerpo.

**POR LA NIEVE** Después de salir de su coche en una fuerte tormenta de nieve en Nueva Escocia, Canadá, en febrero de 2015, Gerald Whitman, de 73 años, se arrastró por la nieve más de una hora antes de que lo rescatara un buen samaritano, que lo confundió con una foca. Charlie Parker estaba quitando nieve cerca de su casa, cuando vio la larga y oscura figura a unos 100 m, y pensó que era una foca, hasta que vio que era en realidad el ex banquero.

**DIENTE SUELTO** Alexis Davidson, de 11 años, de Aurora, Colorado, EE.UU., ató su diente suelto a una flecha, ¡y el diente salió volando cuando disparó!

**VARILLA** Adam Armitage entró en una gasolinería en Tauranga, Nueva Zelanda, con una varilla clavada en la cabeza, después de que lo atacaron en su coche. A pesar de que la barra de metal estaba incrustada en su cráneo y le salía sangre de la cabeza, esperó pacientemente en la fila antes de pedir ayuda.

**ALBAÑIL SIN PIERNAS** Aunque era sordo y le amputaron las dos piernas debajo de la rodilla después de que lo atropelló un tren, William Boular (1869-1953) de Atchison, Kansas, EE.UU., era un experto albañil que un día puso 46,000 ladrillos en ocho horas. Se negaba a usar prótesis, y prefería caminar sobre sus muñones con un par de botas especiales.

**PILOTO BIÓNICO** A pesar de haber perdido su brazo derecho en un accidente de motocicleta en 1982, Steven Robinson, de Leeds, Inglaterra, estaba decidido a convertirse en piloto aviador, pero su prótesis se le caía en los controles. Construyó su propio brazo biónico, y en 2015 aprobó los exámenes médicos para pilotos, por lo que finalmente pudo pilotear un avión.

**CAÍDA DE CABELLO** Tiarne Menzies, de 19 años, de Sydney, Australia, se arrancó todo el pelo una noche mientras dormía y despertó con los mechones de pelo en su almohada. Le diagnosticaron *tricotilomanía*, un trastorno impulsivo incurable que hace que quienes lo padecen se arranquen el pelo.

**LIMPIEZA DE CADÁVERES** Cuando muere un miembro de los chewa, del centro y sur de África, sus familiares llevan el cadáver a un lugar sagrado, le cortan la garganta y le vierten agua por ahí para purificarlo. Lo hacen apretando el estómago del cadáver hasta que el agua que sale del ano se ve limpia.

**SE BUSCA RIÑÓN** Christine Royles, de South Portland, Maine, EE.UU., finalmente recibió el riñón que necesitaba con desesperación tras poner un anuncio en la parte de atrás de su coche. Estaba en una lista de espera de trasplantes de más de 100,000 personas, y decidió acelerar las cosas escribiendo un mensaje en su coche: "¡Estoy buscando a alguien que me done un riñón! Debe ser O positivo". Josh Dall-Leighton, que no la conocía, vio el mensaje cuando estaba de compras con su familia, y tres meses más tarde le donó con éxito uno de sus riñones.

**IMPLANTES SOLIDARIOS** Alistair Campbell, de Taupo, Nueva Zelanda, tiene un tatuaje de un implante coclear en el lado izquierdo de su cabeza, en honor a su valiente hija de seis años, Charlotte, que tiene implantes cocleares en los dos oídos.

## Trasplante de cráneo

El 4 de junio de 2015, Jim Boysen, de 55 años, de Austin, Texas, EE.UU., estaba feliz porque los médicos de Texas habían realizado con éxito el primer trasplante parcial de cráneo y cuero cabelludo. Jim había sufrido una herida en la cabeza después de un tratamiento contra el cáncer, y esperó 18 meses a un donante adecuado del injerto de cráneo de 25 cm x 25 cm y el cuero cabelludo de 38 cm de ancho, en una operación que duró 15 horas.

# PERFORADO BRUTAL

En Vancouver, Canadá, Matthew Menczyk estableció un nuevo récord mundial de "más agujas quirúrgicas clavadas en una sesión", con 4,500 agujas insertadas en sus brazos y espalda durante ocho horas. Menczyk soportó el doloroso suplicio para recaudar dinero para una caridad canadiense. La parte más dolorosa, según Menczyk, fue quitar las agujas, un puñado a la vez.

## EXTRAÑA MANCHA DE NACIMIENTO

Jacob Puritz tiene una mancha de nacimiento en su mano y brazo que parece el mapa de un mundo de fantasía. Resaltó los bordes con tinta para que se vean mejor los continentes, y va a poner nombre a su mundo imaginario con ayuda de un lingüista o un cartógrafo.

**CAÍDA DE MONTAÑA** Jack Fox, de 14 años, de Southport, Inglaterra, sobrevivió a una caída de 762 m en una montaña austríaca. Perdió el equilibrio después de dar un paso atrás para tomar una foto, pero solo sufrió quemaduras de hielo en los brazos, a pesar de haber rebotado en las rocas.

**NO ES COSA DE RISA** Jodie Kelly, de Dublín, Irlanda, sufre de una rara afección que hace que se caiga cada vez que se ríe, llora o se enoja, hasta 10 veces al día. Tiene cataplexia, un desorden neurológico que produce una pérdida repentina del control muscular con emociones fuertes. Aunque ha aprendido a controlar sus caídas para no lastimarse, trata de evitar las películas tristes o cómicas.

**MANO CORTADA** Mientras realizaba trabajos en su hogar, Edryd Jones, de Ferndale, Gales, no sintió que se había cortado la mano izquierda con una motosierra. Solo se dio cuenta cuando fue a recoger un pedazo de madera y vio que su mano ya no estaba donde debía estar: estaba ahora en el suelo. Por suerte, los vecinos pensaron rápido y pusieron la mano en un tazón con hielo, y después de una operación de nueve horas, los médicos lograron reimplantarle la mano al abuelo de 69 años.

**MUERTA EN VIDA** Durante tres años, la adolescente de Alabama, EE.UU., Haley Smith creyó que era una de los muertos en vida, por una rara enfermedad llamada síndrome de Cotard. Este trastorno de delirio, que hace que las personas crean que están muertas, la hacía fantasear sobre picnics en cementerios y zombis, pero finalmente "volvió a la vida" con una combinación de terapia y películas de Disney®, que le dieron una sensación de consuelo y afecto.

**ILUSIÓN ÓPTICA** Paddy Buckley tiene un ingenioso tatuaje geométrico que hace que parezca que tiene un agujero que le atraviesa el brazo. La ilusión óptica es obra del artista Paul O'Rourke, de Limerick, Irlanda.

**POR POCO** El obrero Xie Mo quedó accidentalmente empalado por el cuello con seis varillas durante la construcción de un puente en Xiangyang, China, pero no tocaron las arterias vitales en el cuello ni la tráquea, y sobrevivió.

**BEBA SANGRE** Los médicos europeos del siglo XVIII alentaban a los epilépticos a beber la sangre de criminales ejecutados, para tratar su padecimiento.

**CUERPO PLEGADO** Leilani Franco, una contorsionista de 29 años de Londres, Inglaterra, puede doblar su cuerpo y meterse en una maleta de mano. También puede cepillarse los dientes con los pies.

**ARTE EN PELO** Nariko, un peluquero de Sao Paulo, Brasil, crea imágenes de personas famosas, como Snoop Dogg y el futbolista Neymar, en la parte posterior de la cabeza de sus clientes. Usa maquinillas de cortar el pelo para recortar el contorno, y luego crea los detalles finos con una hoja de afeitar, y a veces agrega color.

**OJO: COMIDA** Como no se quitó sus lentes de contacto desechables durante seis meses, la estudiante taiwanesa Lian Kao se quedó ciega, porque unos microorganismos destruyeron sus glóbulos oculares. Los bichos de *Acanthamoeba* no se alimentan de tejido humano, sino que comen bacterias, y cuando sus córneas se infectaron, las amibas excavaron sus ojos para llegar hasta ellas.

**ESTORNUDO VIOLENTO** Kevin Pillar, el outfielder de los Toronto Blue Jays, tuvo que dejar de jugar 10 días en marzo de 2015, después de que sufrió un esguince abdominal cuando estornudó.

# Cabeza de gusano

Los doctores del Hospital Viet Duc de Hanoi, en Vietnam, sacaron más de una docena de gusanos del cráneo del trabajador Pham Quang Lanh. Cuando una barra de hierro cayó de un edificio y lo golpeó en la cabeza, le insertaron una placa de titanio en el cráneo. Después de eso, sufrió de dolores de cabeza ocasionales, pero no fue sino hasta que Lanh le pidió a su familia que revisara la herida infectada, que lo llevaron al hospital, ¡porque vieron gusanos bajo su piel! En un extraño giro, los gusanos no se comieron nada de su cerebro, que estaba protegido por la placa de metal, pero ayudaron a Lanh al comerse el tejido muerto que podría haber causado que la infección se propagara más rápido.

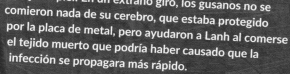

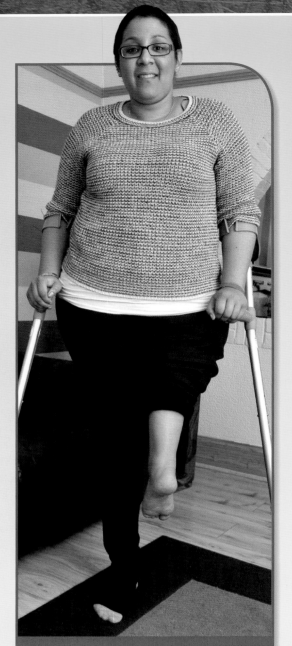

## RODILLA PIE

Cuando a Jordon Moody, de 22 años, le diagnosticaron cáncer de hueso, nunca se imaginó que perdería parte de su pierna, y mucho menos que le pondrían una nueva articulación de la rodilla hecha de su pie hacia atrás. Moody, de East Yorkshire, Inglaterra, se sometió a quimioterapia, pero al final le tuvieron que amputar el muslo izquierdo. Los doctores subieron entonces la parte inferior de la pierna para substituir el muslo y la giraron 180 grados, con el talón hacia el frente, en un ángulo similar a la forma en que se dobla una rodilla normal. Moody espera que le pongan una pierna artificial unida a la articulación creada con su pie.

**IMAGEN EN ESPEJO** Las colegialas Taylin y Katelin Michael, de Swansea, Gales, son gemelas idénticas que hacen todo, desde peinarse hasta sostener un tenedor, del lado opuesto de sus cuerpos. Agitan la mano opuesta para saludar a su madre, y Taylin siempre se pone a la izquierda de su hermana en las fotografías, lo que le permite a su mamá Traci distinguirlas. Cuando se les cayeron sus primeros dientes, Taylin perdió un diente inferior izquierdo y Katelin uno inferior derecho. Los investigadores creen que el fenómeno de los gemelos asimétricos se debe a que el embrión se dividió varios días después que el de gemelos idénticos ordinarios.

**SANGUIJUELA TRAGADA** Después de que Xiabo Chien, de 11 años, de Sichuan, China, se quejó de dolor de garganta y mareos, los médicos encontraron una sanguijuela de 7 cm de largo dentro de su garganta. Había bloqueado las vías respiratorias, por lo que el niño se desmayaba constantemente. El parásito entró en su cuerpo cuando se lo tragó mientras bebía de un estanque junto a un camino.

**PARÁSITO OCULAR** Jessica Greaney, estudiante de la Universidad de Nottingham, Inglaterra, tuvo que estar despierta una semana para evitar que un parásito entrara en su globo ocular. Le pusieron gotas cada 10 minutos durante siete días después de que los médicos encontraron una pequeña criatura parecida a un gusano en su ojo izquierdo. Era un parásito que se estaba comiendo su córnea desde adentro; llegó allí después de que salpicó agua de la llave en su lente de contacto y su ojo se hinchó y se puso rojo.

**LÓBULOS ENCURTIDOS** El entusiasta de las modificaciones corporales Torz Reynolds, de Londres, Inglaterra, hizo que le quitaran los lóbulos y los puso en escabeche. Los guarda en una jarra en su casa.

**VENENO SUCCIONADO** Cuando a su hijo Vinny, de 4 años, lo mordió una serpiente de cascabel, Jaclyn Caramazza, de Folsom, California, EE.UU., que estaba embarazada, le succionó el veneno, arriesgando su vida. Cuando vio que el tobillo de su hijo se hinchaba y se ponía púrpura, le quitó los zapatos y vio dos pequeñas marcas. Por suerte, el veneno no la infectó a ella ni a su hijo nonato, y Vinny se recuperó pronto.

El bebé Timothy Eli Thompson nació prematuro el 4 de marzo de 2015 en Mobile, Alabama, EE.UU., sin nariz externa, pasajes nasales ni cavidades sinusales. Conocida como arhinia congénita completa, la afección solo ocurre una vez en 197 millones, y es tan rara que se conocen menos de 40 casos en todo el mundo. A solo cinco días de nacido, Eli se sometió a una traqueotomía para ayudarlo a respirar, pero aparte de su arhinia congénita, es un bebé normal y saludable. Cuando sea mayor, los médicos esperan poder perforar pasajes nasales en su cráneo para ayudarlo a respirar.

**BEBÉ SIN NARIZ**

**FRASCOS APESTOSOS** Para combatir la peste negra en la Europa del siglo XIV, los médicos le decían a la gente que guardara sus gases en jarras. Cada vez que la plaga asolaba su región, tenían que abrir los frascos y olerlos. Creían que la peste negra la causaban vapores mortales, y que el hedor los protegería.

**CARTEL HUMANO** Jason George, de Mumbai, India, se ha convertido en un cartel publicitario humano con tatuajes en todo el cuerpo de más de 200 logotipos de sus empresas favoritas de comida rápida, telefonía celular, televisión, redes sociales, etc. Tan solo en un mes le hicieron 144 tatuajes de logotipos.

**CLÍNICAMENTE MUERTA** Sara Brautigam, de Doncaster, Inglaterra, sufre de una enfermedad cardiaca rara que hace que "se muera" hasta 36 veces al año. Tiene el síndrome de taquicardia postural ortostática, que cuando se combina con otros síntomas, hace que su corazón deje de latir y su presión arterial se reduzca hasta el punto que se le considera clínicamente muerta. Pueden pasar hasta 30 minutos para que su corazón vuelva a latir normalmente.

**MONEDAS TRAGADAS** Durante tres años, Rajpal Singh, de Bathinda, India, se tragó 140 monedas, 150 agujas y un puñado de pernos, tuercas, pilas, clavos, tornillos e imanes. Se sometió a 240 endoscopias para retirar los objetos de su cuerpo.

**GESTO TIERNO** Para hacer que su hija Honey-Rae se sintiera mejor por la gran mancha de nacimiento roja que cubre su pierna derecha, Tanya y Adam Phillips, de Grimsby, Inglaterra, se tatuaron manchas similares en sus piernas.

**HALLAZGO HORRIBLE** Un hombre de 65 años fue a un hospital de Sao Paulo, Brasil, después de sufrir hemorragias nasales persistentes durante una semana. Cuando los médicos lo examinaron, encontraron más de 100 gusanos carnívoros en su nariz.

En 2011, a una mujer china le crecía un cuerno grande y misterioso en el lado izquierdo de la cabeza. A la mujer sordomuda de la provincia de Henan la atendieron en el Hospital General Militar de Beijing.

A pesar de que le quitaron de la frente una protuberancia del tamaño de una uña en 2008, el objeto volvió a crecer en la misma posición y medía casi 20 cm cuando los cirujanos lo retiraron con éxito.

# Protuberancia córnea

**RESULTADOS IDÉNTICOS** Las gemelas idénticas Claire y Laura Newing de Cornualles, Inglaterra, sacaron las mismas calificaciones, A en psicología y B en biología, lo que les permitió estudiar la misma carrera, terapia del lenguaje, en la misma universidad.

**ATASCADO** Al tratar de evitar que lo arrestaran por infringir los términos de su libertad condicional, Steven Shuler se metió en un estrecho agujero en el piso del ático junto a la chimenea de su casa en Monrovia, Indiana, EE.UU., donde se quedó atorado. Tuvo que permanecer en el agujero de 40 cm de ancho más de un día hasta que un amigo lo encontró y llamó a los bomberos.

**SORPRESA MACABRA** William Wilson pensó que había hecho una buena compra cuando adquirió una casa en Cape Coral, Florida, EE.UU., por 96,000 USD en una subasta en 2014, pero cuando fue a inspeccionarla al día siguiente, descubrió un cadáver humano en el piso del dormitorio principal.

**LADRÓN EN SILLA DE RUEDAS** Un hombre en silla de ruedas se robó más de 1,200 USD en un banco de Nueva York, EE.UU., después de darle una nota al cajero. Luego huyó en su silla de ruedas a tal velocidad, que la policía ya no lo encontró cuando enviaron helicópteros.

**PRIMERA HIJA** Cuando Hannah y Mark Lawrie de Maidstone, Kent, Inglaterra, tuvieron a su hija Myla en 2014, fue la primera niña que nació en la familia desde 1809. Los nacimientos de niños habían abarcado cinco generaciones, durante más de 200 años.

**LENTES CAROS** En las décadas de 1920 y 1930 los lentes de contacto costaban lo mismo que un coche nuevo, y a los clientes se le decía que los lubricaran con su propia saliva.

**BODA RÁPIDA** Cuando Stephanie Tallent, con ocho meses de embarazo, entró en trabajo de parto mientras le hacían un ultrasonido en un hospital de Houston, Texas, EE.UU., su prometido, Jason Nese, organizó una boda en menos de una hora para que pudieran estar casados antes del nacimiento. Habían ido por su licencia de matrimonio el día anterior, por lo que Nese fue a su coche por ella, trajo un vestido para la novia, llamó a un capellán y reunió a un grupo de médicos y enfermeras del pabellón infantil para mujeres de Texas. Pocas horas después de la improvisada ceremonia, Tallent dio a luz a su hija Sophia.

**PAÑALES DE ADULTO** Debido a la escasez de sanitarios portátiles, los 2,000 agentes de tránsito de Manila usaron pañales de adulto durante la visita del Papa Francisco a Filipinas en enero de 2015.

**MISIÓN DE PAZ** Cuando se pelea con su novia, He Ganhui, de Foshan, China, se calma dando largos paseos en bicicleta. Una vez viajó hasta África, a más de 11,200 km, y estuvo ausente seis meses.

# FLEX HABILIDAD

Jaspreet Singh Kalra, de 15 años, de Punjab, India, puede girar su cabeza 180 grados, sus brazos 360 grados, y se dobla hacia atrás tanto, que puede mirar por sus propias piernas. Kalra descubrió su habilidad hace cuatro años cuando comenzó a practicar yoga, y dice que no siente molestias ni dolor cuando contorsiona su cuerpo.

www.ripleys.com/books

## Cuerpo humano

# OJO ATRAVESADO

Mientras trataba de poner un toldo, James Pattinson, de 28 años, se tropezó y terminó con una varilla de metal de 60 cm empalada en el extremo inferior de su ojo izquierdo. Trató de sacarla, pero se dio cuenta de que se había enterrado unos 2.5 cm, y podía sentir que tocaba los huesos de la nariz. Cuando llegó al hospital de Northumbria, Inglaterra, la varilla era tan grande que no cupo en la máquina de ultrasonido, por lo que los bomberos tuvieron que cortarla cuando todavía estaba clavada en su cabeza. Por fortuna, no afectó sus áreas vitales.

## Tributo de altura

Debido a su enorme tamaño, Saosri usaba camisetas 6XL y pantalones cortos 8XL.

Con una increíble estatura de 2.69 m, Pornchai Saosri era el hombre más alto del mundo, mucho más alto que el titular del récord mundial actual, Sultan Kösen. De hecho, solo se ha registrado un hombre más alto en la historia, Robert Wadlow. Tristemente, antes de que pudiera salir al mundo, Saosri falleció en noviembre de 2015 en su hogar en Tailandia.

**GEMELO NONATO** Cuando los médicos examinaron a Jenny Kavanagh, de Londres, Inglaterra, encontraron una gemela nonata que había estado dentro de ella 45 años. El tumor de 10 cm en su ovario izquierdo resultó ser su gemela subdesarrollada que había crecido dentro de ella, con cara, un ojo, un diente y cabello largo y negro como el de ella.

**TOMADAS DE LAS MANOS** Las gemelas Jenna y Jillian Thistlethwaite, de Orrville, Ohio, EE.UU., nacieron tomadas de la mano. Aunque no eran siamesas, compartieron un saco amniótico y una placenta, lo que se conoce como embarazo monoamniótico, que ocurre en uno de 50,000 embarazos, y en apenas uno por ciento de los gemelos. A pesar de que se temía por su vida, las gemelas crecieron sanas y celebraron su primer cumpleaños en mayo de 2015, y ya no se toman de las manos.

**DENTISTA MÓVIL** El luchador profesional Robert Abercrombie, conocido en el ring como "Rob el venenoso", le sacó un diente flojo a su hijo James, de ocho años, atando el diente a la parte trasera de su Chevrolet Camaro y acelerando. James llevaba días suplicándole a su padre que hiciera la extracción poco ortodoxa.

# HOMBRE PÁJARO

El trabajador jubilado Ted Richards, de Bristol, Inglaterra, quiere tanto a sus cuatro pericos, que se tatuó el rostro y los globos oculares para verse como ellos, e incluso hizo que le quitaran las orejas en una arriesgada operación de seis horas. Además de compartir su hogar con ellos, Ted, de 56 años, vive con su iguana verde Iggy y la pitbull terrier Candy. A pesar de sus increíbles modificaciones en el cuerpo (110 tatuajes, 50 piercings y una lengua dividida), ¡Ted todavía quiere convertir su nariz en pico!

**EXTRAÑA REACCIÓN** Una mujer china de 94 años, Liu Jieyu, despertó de un coma dos semanas después de sufrir un derrame cerebral, ¡y solo podía hablar inglés! La ex profesora de Changsha no había hablado inglés en más de 30 años, pero de repente ya no pudo hablar ni entender su lengua materna.

**ROMANCE DE RIÑÓN** Después de donar su riñón a un desconocido, Ashley McIntyre, de Louisville, Kentucky, EE.UU., es ahora su prometida. Le dio un riñón a Danny Robinson en abril de 2014; comenzaron a salir poco después, y en Navidad Danny le pidió que se casara con él.

**OMBLIGO EXTIRPADO** El entusiasta de las modificaciones corporales Emilio González, de Venezuela, hizo que le quitaran el ombligo. Lo pelaron hasta su base y luego lo sellaron con suturas internas y externas. También tiene varios tatuajes faciales, piercings en forma de cuerno en la frente y agujeros de "túnel" en las orejas y labio inferior.

**IMPLANTE MANUAL** Byron Wake, de 15 años, de Somerset, Inglaterra, usó una aguja hipodérmica para insertar en su mano un chip que le permite usar su celular y abrir puertas. Compró el kit en línea y llevó a cabo el procedimiento él mismo. El chip es del tamaño de un grano de arroz, y puede leerse con dispositivos Android®.

**AYUDA DIARIA** Durante más de tres años, Xie Xu, de 18 años, ha llevado a su amigo discapacitado, Zhang Chi, de 19 años, a la preparatoria Daxu en la provincia china de Jiangsu. Aunque sufre de distrofia muscular, Zhang nunca ha faltado a clases, porque Xie lo carga todos los días desde sus dormitorios a la escuela y de clase a clase.

**TATUAJES DE RIHANNA** La fan de Rihanna, Sarah Ridge, de 23 años, de Wiltshire, Inglaterra, tiene 14 tatuajes relacionados con la estrella del pop en su cuerpo. Tiene siete tatuajes de la cara de la cantante, así como copias de siete tatuajes que tiene su ídolo.

**NOVIO ACARTONADO** Como parte de un proyecto de arte, Lauren Adkins, de Las Vegas, Nevada, EE.UU., se puso un vestido de novia y un anillo para casarse con un recorte de cartón de tamaño real del actor Robert Pattinson en una ceremonia de 3,000 USD con 50 invitados en la capilla de bodas Viva Las Vegas. La figura de Pattinson como el vampiro Edward Cullen de la serie *Crepúsculo* le costó 20 USD, y se la llevó de luna de miel a Los Ángeles.

**MIEDO AMARILLO** Las personas con xantofobia tienen un temor intenso al color amarillo, y a veces incluso a la palabra "amarillo".

**PODER PULMONAR** Brian Jackson, de Muskogee, Oklahoma, EE.UU., levantó del suelo una camioneta de 1,991 kg usando solo su aliento para inflar dos bolsas que se habían colocado bajo el vehículo. Tardó un poco más de 36 minutos.

# 5 Cultura popular

All Nippon Airways (ANA) presentó el primer avión de pasajeros con un personaje de *Star Wars*, como parte de un acuerdo con The Walt Disney Company (Japan) Ltd. La aerolínea más grande de Japón, ANA, espera que su Dreamliner 787-9 con R2-D2 pintado en el fuselaje fascine a los pasajeros galácticos y a los fanáticos de la popular franquicia *Star Wars*.

# SABLE EN VUELO

Ripley
## PREGUNTA ?

Crummy Gummy le contó a Ripley acerca de la Fuerza detrás de su máscara.

**P** ¿Cuánto tiempo te tardaste en hacerla?

**R** Esta tardó cerca de dos meses, pero la última semana de trabajo fue la más loca. Trataba de cumplir un plazo para poder exhibirla en la galería Wyn317 de Art Basel. Fue una semana de bebidas energéticas y desvelos todos los días.

**P** ¿Cuánto pesa?

**R** ¡Cinco kilos y medio! No parece, pero esos pequeños osos empiezan a pesar mucho después de usar más de mil de ellos.

**P** ¿Cuántas gomitas te comiste en comparación con la cantidad que usaste?

**R** La pieza tiene más de mil osos de gomitas. Si me hubiera comido tantos, estoy seguro de que habría caído en un coma diabético. Pero me comí varios.

**P** ¿Fue Star Wars tu inspiración para la pieza?

**R** Sí, claro, pero no fue la única. No me malinterpretes, soy un fan de Star Wars, pero mi arte también está inspirado en muchas otras cosas que disfruté en mi infancia y que aún disfruto ahora de adulto.

# DARTH GOMITA

**L**a Fuerza estaba con Crummy Gummy, de Orlando, Florida, EE.UU., cuando creó su modelo a escala 1:1 del infame casco de Darth Vader, con más de mil gomitas de color naranja y rojo.

# En un arrozal muy muy lejano

La prefectura Aomori de Japón rindió homenaje a *Star Wars* al plantar 11 variedades de arroz en siete colores diferentes para "pintar" a los populares androides espaciales en un arrozal. Este ejemplo del arte japonés en arrozales "tanbo" muestra a BB-8 de *Star Wars* Episodio VII: *El despertar de la fuerza* y a los favoritos C-3PO y R2-D2 alrededor del logo de *Star Wars*.

# Hechos de la Fuerza

**LA FAMOSA RESPIRACIÓN** de Darth Vader se grabó poniendo un **MICRÓFONO DENTRO DE UN REGULADOR** en un tanque de buceo.

Hay monedas de personajes de *Star Wars* que son **MONEDA DE CURSO LEGAL** en la isla de Niue, en el Pacífico Sur.

En 2007, un **SABLE DE LUZ GENUINO** usado en la película *Star Wars* **VIAJÓ AL ESPACIO** a bordo del transbordador espacial *Discovery*.

Hay una **GÁRGOLA DE PIEDRA** del personaje de *Star Wars* Darth Vader en la torre noroeste de la **CATEDRAL NACIONAL EN WASHINGTON, DC, EE.UU.**

Aunque usted no lo crea, se calcula que **2.2 MILLONES DE PERSONAS EN NORTEAMÉRICA FALTARON AL TRABAJO EL 19 DE MAYO DE 1999** para ir a comprar boletos para la película *Star Wars, LA AMENAZA FANTASMA.*

Las famosas criaturas **"EWOKS"** de *Star Wars* no se nombran como tales en ninguna de las películas.

La frase **"TENGO UN MAL PRESENTIMIENTO"** se dice en cada película.

## ← Vivir en el set

Muchos de los edificios construidos como parte de Tatooine todavía siguen en pie en Túnez.

Se necesitaron **SIETE MARIONETISTAS** para mover a **JABBA EL HUTT.**

# TROOPERS ESCÉNICOS

**D**avid Eger, de Milton, Ontario, Canadá, ha recreado carteles de películas, pinturas icónicas, portadas de álbumes y momentos famosos de la historia usando figuras de *Star Wars*. Su tributo al *Mago de Oz* tiene a Chewbacca como el león cobarde, a la princesa Leia como Dorothy, a C-3PO como el hombre de hojalata y a Han Solo como el espantapájaros. Eger también sustituyó a la princesa Leia por la *Mona Lisa* y usó stormtroopers para su versión de *La última cena* de da Vinci. Puede tardar un día en montar y fotografiar una escena.

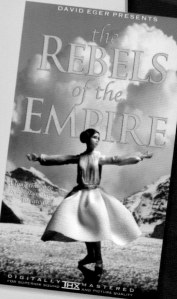

DAVID EGER PRESENTS
the REBELS of the EMPIRE

109

TAYLOR SWIFT DARE TO BE DIEFERENT 2015

# PARA TAYLOR

En septiembre de 2015, ¡los aficionados a la música pudieron perderse en la cara de Taylor Swift! Summers Farm en Frederick, Maryland, EE.UU., abrió un laberinto de maizales de 4 hectáreas con la forma de la cara de Swift, con las palabras "Atrévete a ser diferente" podadas arriba. Los dueños de la granja podaron el laberinto con el rostro de la cantante por su imagen positiva y su generosidad. El laberinto tenía pistas, en forma de preguntas sobre Taylor Swift, para ayudar a la gente a navegar por el maizal. Taylor Swift incluso compartió este sorprendente laberinto en su Instagram.

**UN BUEN NEGOCIO** Una figura de Boba Fett sin abrir, que costaba 2.50 USD cuando salió a la venta en 1980 para promocionar la película *El imperio contraataca*, alcanzó 27,000 USD en una subasta en 2015. La rara figura la puso a la venta Craig Stevens, de Londres, Inglaterra, que tiene una colección de más de 10,000 artículos de *Star Wars*.

**CAMISAS CON OLOR** La compañía de camisetas Hiro Clark de Los Ángeles, EE.UU., unió sus fuerzas con la perfumería Le Labo de Nueva York para crear camisetas perfumadas que conservan el aroma hasta 12 lavadas.

**ORACIÓN LARGA** Una sola oración de la novela de 2001 de Jonathan Coe *The Rotters' Club* tiene 13,955 palabras y abarca 33 páginas.

**SITIO WEB EXCLUSIVO** Justin Foley, de Columbus, Ohio, EE.UU., creó un sitio web que solo puede visitar una persona a la vez. El sitio deliberadamente inútil, mostexclusivewebsite.com, tiene unas pocas líneas de texto y un contador. Los visitantes solicitan un "boleto" para acceder 60 segundos y luego esperan pacientemente detrás de hasta 40,000 solicitantes. Solo alrededor de una de cada nueve personas accede al interior del sitio; el resto se va antes de que se anuncie su número.

**RÉPLICA DEL BATITRAJE** El fan de Batman, Jackson Gordon, estudiante de diseño industrial de la Universidad de Filadelfia en Pensilvania, EE.UU., creó una réplica del batitraje que puede resistir puñaladas, puñetazos, patadas o golpes con un bate de beisbol. Tiene placas blindadas de plástico resistente y pesa 11.3 kg.

**CONTROL POR TWITTER** En 2014, los usuarios de Twitter en todo el mundo pudieron controlar las luces de un árbol de Navidad de 2.7 m de altura y una menorah en Oxford Communications, en Lambertville, Nueva Jersey, EE.UU. Diferentes hashtags encendían diferentes colores.

**AYUDA PARA BESAR** La empresa de anteojos Blinc Vase de Tokio, Japón, ha creado unos lentes que pueden usar dos personas a la vez. Los anteojos tienen dos pares de brazos que salen en direcciones opuestas, de modo que la gente que los use pueda besarse más fácilmente.

# DIVISA DE SPOCK

Los canadienses rinden homenaje al finado actor Leonard Nimoy dibujando a su personaje más famoso, el Sr. Spock de *Viaje a las estrellas*, en su dinero. Esto se conoce como "Spocking" y consiste en convertir a Sir Wilfrid Laurier, el primer primer ministro franco-canadiense, en el personaje vulcano, pero la práctica se hizo más frecuente después de la muerte de Nimoy en febrero de 2015. El Banco de Canadá no lo ve con buenos ojos, ya que los billetes son un símbolo y una fuente de orgullo nacional.

**PAGO POR RISA** El club de comedia Teatreneu en Barcelona, España, cobra a sus clientes según el número de veces que se ríen. La admisión al club es gratuita, pero por cada sonrisa que se registra con software de reconocimiento facial, se cobra a los clientes 38 centavos de dólar, hasta un cargo máximo de 30 USD.

**TAMBOR ESPECIAL** El Booty Drum es un instrumento musical de alta tecnología que se toca con el… trasero. Las personas se sujetan el tambor al trasero y comienzan a "perrear". El tambor registra los movimientos y utiliza software para traducirlos a sonidos.

**HEBILLA DE ORO** La hebilla suiza Predator Caliber R822 cuesta 550,000 USD, casi tres veces el precio de una casa promedio en Estados Unidos. La hebilla de edición limitada tiene 167 componentes, incluidos mecanismos de autolimpieza, y está hecha de oro blanco de 18 quilates y titanio.

**DJ JUNIOR** En 2014, Oratilwe Hlongwane, de Johannesburgo, Sudáfrica, se convirtió en uno de los DJ más populares de su país, con más de 144,363 seguidores en Facebook, a los dos años. A pesar de que apenas podía hablar y todavía usaba pañales, aprendió a usar la consola de DJ en el iPad® de su padre, y pronto la dominó. "DJ ARCH JR" atrae multitudes cada vez que se presenta en centros comerciales locales.

# Zapatos de rock

La colección musical de Ripley incluye un par de zapatos azules de gamuza del cantante Carl Perkins, miembro del Salón de la Fama de Rock and Roll. Según su hijo Stan Perkins, el cantante usó los zapatos de cuero italiano del diseñador Giorgio Brutini durante muchos años. Carl Perkins se inspiró para escribir la canción clásica de 1956 "Blue Suede Shoes" mientras tocaba en un baile escolar y oyó a un hombre que les decía a sus amigos que no le pisaran sus "zapatos azules de gamuza". Aunque usted no lo crea, cuando Perkins se sentó esa noche a escribir la letra, no pudo encontrar un papel, y escribió una de las canciones más famosas del mundo en un saco de papas.

**MÚSICA SUBMARINA** Evan Holm, un artista de Oakland, California, EE.UU., creó una tornamesa que puede tocar discos bajo el agua con una aguja impermeable.

**INSTRUMENTOS DE BICICLETAS** Linsey Pollak, Ric Halstead y Brendan Hook forman el grupo australiano Cycologists, que usa instrumentos musicales hechos de partes de bicicletas, como clarinetes y una flauta de pan de bombas de bicicleta.

**ARPA ENORME** El arpa gigante Earth Harp, creada por el músico y artista estadounidense William Close, tiene cuerdas de hasta 300 m de largo. El instrumento, que toca con guantes especiales cubiertos de colofonia de violín, se ha instalado en varios lugares famosos del mundo. Sus cuerdas han resonado en un cañón de Malibú, California, en la Aguja Espacial de Seattle y en el Coliseo de Roma.

**PRIMER TWEET** El 24 de octubre de 2014, a los 88 años, la Reina Isabel II envió su primer tweet para marcar la inauguración de una nueva exposición en el Museo de Ciencias de Londres. Entre las cuentas de Twitter que ha seguido la realeza británica están las de Bill Gates y la finada Joan Rivers.

▶▶ EMIOTA, UNA EMPRESA FRANCESA, CREÓ EL PRIMER CINTURÓN INTELIGENTE DEL MUNDO, BELTY GOOD VIBES, QUE SE AFLOJA AL SENTARSE Y SE APRIETA DE NUEVO AL PARARSE.

**ESTADÍA GRATUITA** En 2014, el hotel Nordic Light de Estocolmo, Suecia, ofreció siete noches de alojamiento gratuito a huéspedes con al menos 100,000 seguidores de Instagram o 2,000 amigos privados de Facebook.

**HIMNO PROHIBIDO** Los usuarios de celulares en Bangladesh no pueden utilizar el himno nacional del país como tono de llamada.

**VENTA DEMORADA** El día que salió a la venta *Harry Potter y el prisionero de Azkaban* en el Reino Unido, el editor pidió a las tiendas que no vendieran el libro sino hasta que terminaran las clases, para evitar que los niños faltaran a la escuela.

**MUERTE OPERÍSTICA** El barítono estadounidense Leonard Warren murió en el escenario de la Metropolitan Opera House de la ciudad de Nueva York el 4 de marzo de 1960, cuando acababa de cantar el recitativo "Morir Tremenda Cosa" de Giuseppe Verdi.

**VESTIDO DE SCARLETT** Cuando el coleccionista James Tumblin se enteró en la década de 1960 de que iban a tirar un vestido que había usado Vivien Leigh como Scarlett O'Hara en la película *Lo que el viento se llevó*, lo compró por 20 USD, y en 2015, se vendió en una subasta en Beverly Hills, California, por 137,000 USD. Tumblin tiene una colección de más de 300,000 artículos de *Lo que el viento se llevó* en su casa de Portland, Oregon, EE.UU.

# Bar de Doctor Who

En este vasto, complicado y ridículo universo, se destaca un bar en Brooklyn, Nueva York, EE.UU., The Way Station, también conocido como el "Bar de *Doctor Who*". El pub musical tiene una réplica de tamaño natural de la icónica cabina de policía azul, la TARDIS, e incluso sirve cocteles con temas de *Doctor Who*. Para los viajeros en el tiempo en domingo, hay películas de ciencia ficción e incluso los nuevos episodios de *Doctor Who*.

Desde que se estrenó en 1982, la entrañable película de E.T. el extraterrestre de Steven Spielberg ha sido una de las favoritas de la gente, y ahora también de los árboles. En el Hotel Uig en la Isla de Skye, Escocia, el propietario Billy Harley notó esta increíble figura en un tronco que estaba cortando para hacer leña.

# E.T.
## EL TRONCO EXTRATERRESTRE

**FAN DE BART** Travis McNall, de Wolcottville, Indiana, EE.UU., tiene una colección de más de 3,400 objetos del programa de TV *Los Simpson*. Se hizo de su primera pieza, una camisa de Bart Simpson, en 1990, y ahora es tan aficionado al programa, que sus amigos lo llaman "Bart".

**ESCENARIO DE LA NASA** La fábrica de Cyberdyne Systems en la película *Terminator: Génesis* se tuvo que filmar en instalaciones de la NASA en Nueva Orleans, EE.UU., donde se construyó el transbordador espacial, porque no había otro lugar en Luisiana donde cupiera el set.

**OBITUARIO LONGEVO** Cuando el comediante Bob Hope murió en 2003 a los 100 años de edad, su obituario del *New York Times* llevaba tanto tiempo archivado, que el hombre que lo escribió, el crítico de cine Vincent Canby, había muerto tres años antes.

**NOTI-RAP** Para que los jóvenes se interesen por las noticias, *Newz Beat*, un noticiero de la televisión ugandesa, tiene "rap-orteros" que rapean los titulares al ritmo de hip-hop.

**AUSENTE** Cuando el locutor Pinky Kravitz de WOND-AM, de 87 años, de Atlantic City, Nueva Jersey, EE.UU., se reportó enfermo el 15 de mayo de 2015, fue la primera vez que faltaba al programa en 56 años. Ya antes había transmitido desde un hospital, sin que sus oyentes lo supieran.

## OSCARITO

De solo 14 cm de alto, esta miniatura de un Oscar® fue creada por Columbia Pictures para celebrar la película *Sucedió una noche* de 1934, que en la ceremonia de los Academy Awards®, ganó como mejor película, director, actriz, actor y guión. Solo se entregaron unos cuantos mini óscares de metal sólido a ejecutivos de estudios.

Charles Trippy, bajista de la banda We the Kings, tiene el récord mundial del videoblog (vlog) diario consecutivo más largo, con videos de YouTube todos los días durante los últimos siete años. No ha dejado de filmar un solo día, ni siquiera cuando lo operaron por un tumor en el cerebro en 2012. "Estaba pasando por un mal momento, y sabía que había muchas personas que estaban pasando por cosas peores. Pensé que si podía ceder un poco de mi privacidad para ayudar a alguien, era algo bueno", explicó.

Su canal de YouTube "Internet Killed Television", que presenta con su novia, Allie, tiene de 300,000 a 400,000 visualizaciones al día. Los invitados han incluido al actor Alex Winter (de La magnífica aventura de Bill y Ted), el luchador Hulk Hogan, el músico Kenny G y el actor Danny Trejo.

# CHARLES TRIPPY

**Ripley PREGUNTA?**

Charles habla sobre su conexión con YouTube.

**P** ¿Por qué empezaste a hacer videos?

**R** Empecé a hacerlos por una apuesta con mi compañero de cuarto de la universidad para ver a quién lo veían más, pero luego me encantó. Han pasado 10 años, siete de videos diarios y 10 en YouTube.

**P** ¿Cuál dirías que es tu video más inusual?

**R** Mi cirugía de cerebro, solo porque se pudo filmar todo. Sostuve la cámara hasta que bajé el brazo. No había trípode. Una vez que bajé la mano (estuve despierto todo el tiempo), el cirujano tomó la cámara porque sabía lo importante que era para mí filmar, y me empezó a hacer preguntas. Dijo que mi sentido del humor seguía intacto y que todavía me estaba burlando de las cosas. El hecho de que aparezca hablando, y luego en una esquina se pueda ver mi cerebro, hace que este sea mi video más inusual.

**P** ¿Qué le dirías a la gente interesada en comenzar una serie de YouTube?

**R** Algunas personas piensan que estos videos diarios son mentiras o invenciones, cuando de hecho no hay productor. Mis amigos, mi familia, Allie, mi perro... todos son reales. Se necesita dedicación, y es un tipo de trabajo único y muy estresante, porque YouTube es una comunidad que nunca es homogénea. Cualquiera puede poner videos en YouTube, pero no es para todos.

You Tube

CONGRATULATIONS
For Surpassing
One Million Subscribers

Helen Ruth Van Winkle, conocida como Baddie Winkle en las redes sociales, es otra innovadora de Internet, con la impresionante cifra de 1.7 millones de seguidores en Instagram, ¡y tiene 87 años! Baddie (que significa algo así como "chica mala") cautivó a sus fans desde su primera participación en Instagram en abril de 2014, pero su estilo excéntrico evolucionó a partir del dolor. Después del fallecimiento de su esposo y su hijo, Helen Van Winkle hizo frente a su pérdida vistiéndose de forma más aventurera y adoptando su popular personaje de Baddie Winkle. Con la ayuda de su nieta y su bisnieta, Baddie Winkle ha usado las redes sociales no solo para reparar su corazón roto, sino también para deleitar a millones de personas que la encuentran no solo encantadora, sino también inspiradora.

# Baddie Winkle

## Ripley **PREGUNTA** ?

Baddie comparte con nosotros sus ideas sobre las redes sociales.

**P** ¿Qué piensa de la cultura de Internet de hoy?

**R** Creo que si uno quiere sobrevivir y prosperar en este mundo, hay que estar conectado en las redes sociales, ya sea con seres queridos o amigos, en Facebook o Instagram, o con la venta de un producto al público: hay que saber utilizar las redes sociales para tener éxito.

**P** ¿Qué celebridades ha conocido?

**R** He conocido a bastantes: Nicole Richie, el elenco de Orange Is the New Black, Drew Barrymore, Tyler Oakley, Becky G, la perra Marnie, el perro Jiffpom, Gwen Stefani, Dada Life, Dr. Drew, Lindsey Sterling, el elenco de The Doctors de CBS, ¡y claro, mi mejor amiga, Miley Cyrus!

**P** ¿Cuál es la ropa más graciosa que le han enviado?

**R** Oh, Dios, me mandan cada cosa que no lo creerías. Lo único que no voy a usar son los pasties [cubrepezones]; parece que todo el mundo cree que quiero usarlos, porque me mandan muchos, pero nunca lo haré. Me han enviado algunas cosas muy atrevidas, pero yo tengo mis límites.

**P** ¿Qué sigue para Baddie Winkle?

**R** Tengo muchos proyectos en mente, desde una tienda de ropa en línea, hasta camisetas en tiendas de todo el mundo, comerciales apasionantes ¡e incluso estoy filmando al mercado Vice Music, un video musical que lanzará un piloto para mi propio reality show!

# Anillo de arco iris

El joyero británico Theo Fennell diseñó este anillo de "al final del arco iris", una pieza única inspirada en el mito de una olla de oro oculta al final de un arco iris. Elaborado con oro amarillo de 18 quilates y decorado con diamantes *pavé*, el domo de cristal del anillo, tallado con nubes, cubre un arco iris pintado a mano. Al abrir la parte superior del anillo se revela una olla de oro en miniatura, y las puertas laterales "de madera" se abren para mostrar dos escenas de cuentos de hadas.

**VIAJE EN CARRETA** Para su libro de 2015, *The Oregon Trail: A New American Journey*, el autor estadounidense Rinker Buck hizo el viaje épico en carreta de 3,380 km de la ruta de Oregon, la primera vez que se hace desde 1909.

**SONRÍA, POR FAVOR** Los músicos callejeros de Oxford, Inglaterra, deben sonreír en todo momento mientras actúan, so pena de recibir una multa de 1,500 USD del ayuntamiento.

# ESCALERA DE ESCALAS

La entrada a un nuevo centro comercial subterráneo en Luoyang, China, tiene escaleras pintadas como teclas de piano, en honor a compositores famosos. Las escaleras tienen también retratos de Mozart, Chopin, Beethoven, Liszt y Tchaikovski, entre otros.

**LIBRO QUE CRECE** Para enseñar a los niños de dónde viene el papel, la editorial Pequeño Editor de Buenos Aires, Argentina, sacó un libro ilustrado que puede sembrarse después de haberlo leído. Las páginas están llenas de semillas de jacaranda, así que cuando el libro titulado *Mi papá estuvo en la selva* se siembra después de leerlo, las semillas brotan y con el tiempo forman árboles.

**COSAS DE LARA** El videojugador Rodrigo Martín Santos, de Madrid, España, tiene más de 2,380 objetos de colección de *Tomb Raider*, incluyendo estatuas de tamaño natural de Lara Croft. Comenzó a coleccionarlos en 1996, cuando tenía nueve años, y es dueño del traje original usado por la modelo Rhona Mitra en el videojuego *Tomb Raider 2*.

**FOTOS OSADAS** El fotógrafo austríaco aficionado Christian Kneidinger ha tomado fotos de su oso de peluche en más de 20 lugares exóticos del mundo, como un glaciar en Islandia, una cascada en Mauricio y una playa en Dubái, porque su esposa, Ranati, es muy tímida para posar.

**SE ESTIRÓ** Durante la filmación de la película de 1965 *La novicia rebelde*, Nicholas Hammond, de 13 años, que hizo el papel de Friedrich, uno de los niños von Trapp, creció 15 cm, a 1.7 m. En las escenas posteriores, Charmian Carr, que interpretó a su hermana Liesl, tuvo que pararse en cajas para parecer más alta que su hermano menor.

**MARCHA DE TAMBOR** El músico Joshua Scott tocó la batería desde Boston, Massachusetts, hasta su ciudad natal, San Francisco, California, EE.UU., un viaje de 4,800 km. Junto con el cineasta Joseph Lafond, Scott atravesó Estados Unidos para interpretar "Funky Drummer", de Clyde Stubblefield y James Brown, en varios lugares emblemáticos a lo largo del camino, incluido el salar de Bonneville, en Utah. Pasaban solo 10 minutos en cada lugar, y eso incluía el tiempo de instalar la batería.

**CANCIÓN FESTIVA** La tradicional canción de Navidad "Jingle Bells" era originalmente para el Día de Acción de Gracias. James Pierpont la compuso en 1850 en una taberna en Medford, Massachusetts, EE.UU.

**MEGA COLECCIÓN** Keith Sivyer, de Londres, Inglaterra, compró cada disco sencillo del hit parade del Reino Unido desde que se creó en 1952, hasta su muerte en 2015. Cada semana, visitaba su tienda de discos local con una copia de la revista Music Week y compraba las últimas canciones que habían entrado en la lista top 40. Su colección, ordenada alfabéticamente en estantes especiales de piso a techo, tenía cerca de 27,000 sencillos en vinilo de 7 pulgadas, 8,000 sencillos de 12 pulgadas y más de 10,000 sencillos en CD.

**PREMIO PORCINO** El ganador del premio Bollinger Everyman Wodehouse de ficción literaria cómica del Reino Unido, creado en honor del humorista inglés P.G. Wodehouse (1881-1975), recibe una botella de champaña, las 52 novelas de Wodehouse y un cerdo vivo que se llama como la novela ganadora.

# HELLO KITTY ENCAPSULADA

Del 29 de abril al 13 de septiembre de 2015, los visitantes de la Plaza Dag Hammarskjold en Manhattan, Nueva York, EE.UU., pusieron objetos personales en una Hello Kitty translúcida de 3 m de altura. Es parte del proyecto más reciente del artista japonés Sebastian Masuda, llamado "Time After Time Capsule". Abarca varias ciudades y esculturas de Hello Kitty que se llenan en lugares como Miami y Ámsterdam. Todas las esculturas se reunirán en Tokio, la ciudad natal de la famosa gata, para celebrar los Juegos Olímpicos de verano de 2020.

### PETICIÓN EN FACEBOOK

Manuel Parisseaux, que tiene síndrome de Down, recibió más de 61,500 tarjetas para su cumpleaños número 30, después de que su padre, Lucien, publicó una petición en Facebook. Fueron tantas, que el servicio postal tuvo que usar un camión para entregarlas en su casa en Calais, Francia.

### MENOR DE EDAD

La estrella de Bollywood Sridevi interpretó a una madrastra en una película tamil de 1976 llamada *Moondru Mudichu* cuando solo tenía 13 años.

### PROYECCIONES DIARIAS

Desde su estreno en octubre de 1995, la comedia de Bollywood *El valiente de corazón se llevará a la novia* se ha proyectado casi todos los días en el cine Maratha Mandir en Mumbai, India.

### CONEJILLO DE INDIAS

Antes de que fuera famoso, al rockero Axl Rose le pagaban 8 USD por hora por fumar cigarros como parte de un experimento de la UCLA en Estados Unidos.

### ESTILO DE VIDA

Du Xin, de Beijing, China, está tan obsesionado con el programa de TV *Friends*, que se cambió legalmente el nombre a Gunther y ha modelado su hogar, su trabajo y su familia con base en la exitosa comedia. Decoró su departamento como una réplica exacta del de Chandler y Joey, abrió su propia cafetería llamada Central Perk, se casó con una mujer llamada Rachel y le puso Joey a su hijo. Tiene incluso una mascota llamada Smelly Cat, en honor a la canción de Phoebe.

### PERIÓDICO INFANTIL

*Balaknama* o *La voz de los niños*, es un periódico trimestral en hindi escrito y dirigido por niños que viven en los barrios pobres de Nueva Delhi, India; tiene decenas de miles de lectores.

### ÁLBUM SOLAR

El CD de 2008 del cantautor Jack Johnson, *Sleep Through the Static*, se grabó íntegramente usando energía solar en su estudio Solar Powered Plastic Plant.

### IMITA AL ARTE

Los actores que doblan a Homero y Marge en la versión francesa de *Los Simpson*, Philippe Peythieu y Véronique Augereau, están casados en la vida real. Se conocieron en las audiciones y se casaron una década más tarde.

### NOTAS ALTAS

En diciembre de 2014, el coro ACM Gospel de Gran Bretaña interpretó un concierto de villancicos de 15 minutos a 11,887 m de altitud a bordo de un vuelo de Gatwick, Londres, a Ginebra, Suiza.

### CUERPO DE COSTNER

El primer papel de Kevin Costner, en la película *Reencuentro* (1983), se editó tanto, que al final solo aparece como un cadáver.

### SEGUIDORES DEL PRESIDENTE

Cuando el presidente Barack Obama abrió su cuenta de Twitter en mayo de 2015, acumuló un millón de seguidores en menos de cinco horas.

# Saludos desde Coney Island

**B**rooklyn, Nueva York, EE.UU., ha cambiado mucho en los últimos años, y aunque Coney Island puede parecer actualmente el área más extraña del barrio, no dejen que el olor de los hot dogs Nathan's® y el ruido de la montaña rusa Cyclone los engañen: el pasado de este parque de diversiones es aún más extraño.

Desde la década de 1880 y hasta la Segunda Guerra Mundial, Coney Island fue un importante destino vacacional, con fácil acceso desde la ciudad de Nueva York. Tres parques, Luna Park, Steeplechase Park y Dreamland, competían por los visitantes aprovechando la fascinación del público con lo desconocido y lo inexplicable, desde tierras lejanas hasta trágicos desastres. En su apogeo, nada era demasiado excéntrico, grande ni extravagante para Coney Island.

DREAMLAND.

CONEY ISLAND, N.Y.

CEREAL BUMPS

CONKLIN THEATRE

FOOLISH HOUSE

Una de las atracciones más populares también se convirtió en una de las más influyentes. De 1903 a 1943, millones de personas visitaron la "incubadora" del Dr. Martin Couney, para ver lo que pronto se convertiría en algo común en los hospitales de todo el mundo.

Couney era un inmigrante alemán que luchó para que se aplicara su tecnología, que en ese entonces la comunidad médica consideró demasiado radical. Couney recurrió a Coney Island para financiar su invención, cobrando a los visitantes 25 centavos de dólar por ver a "los bebés más pequeños del mundo".

Couney exhibió sus incubadoras en Luna Park y Dreamland en un entorno prístino, en el que confiaba lo suficiente como para mostrar a su propia hija prematura, Hildegarde. Durante esos 40 años, Couney salvó la vida de 6,500 niños, y cuando la exposición se cerró en 1941, el Hospital Cornell en Nueva York abrió un pabellón para bebés prematuros.

## Cultura popular

En 1901, Couney exhibió con éxito las incubadoras en la Exposición Panamericana en Buffalo, Nueva York, EE.UU. Esto lo animó a establecerse en Estados Unidos y abrir una exposición permanente.

# Incubadoras para bebés

# El trabajo de los bomberos

Más de 2,000 personas trabajaban en "Fighting the Flames", de Dreamland, donde recreaban el trabajo de los bomberos, desde enganchar caballos al camión de bomberos hasta apagar un incendio real. También hacían rescates dramáticos de víctimas atrapadas que saltaban de las ventanas de un edificio en llamas.

# Espectáculos de fenómenos

Las rarezas humanas y los artistas circenses eran las celebridades de Coney Island. Alzoria, la Chica Tortuga, cuya deformidad en las extremidades le daba la apariencia de una tortuga, trabajó en Coney Island desde la década de 1930 hasta la década de 1950. Tras compartir su triste y sórdida historia como discapacitada en el sur del país, vendía sus tarjetas autografiadas a las multitudes compasivas. En realidad, Alzoria nació y creció en Brooklyn, y ganaba suficiente dinero trabajando en Coney Island en el verano para vivir cómodamente el resto del año con su novio.

**LA ALDEA IGOROTE** Aprovechando el miedo y el asombro ante lo desconocido, una de las atracciones más populares de Luna Park era la aldea igorote. Hombres, mujeres y niños reales de este pueblo de Filipinas vivían en una réplica de su aldea, mostrando una versión sensacionalista de sus costumbres. Como no podían ir a cazar gente, los igorotes se alimentaban de perros, que sacrificaban ante la multitud y cocinaban en un perol.

**UN FIN INFERNAL** Esta foto se tomó en la arena de animales salvajes amaestrados de Dreamland. Dreamland no duró mucho. En 1911, siete años después de inaugurarse, se quemó en un dramático incendio que se inició en un juego llamado "La puerta del infierno". Todos los bebés de la incubadora se salvaron, pero murieron 60 animales.

# Inundación en Galveston

El 8 de septiembre de 1900, un huracán de categoría 4 arrasó Galveston, Texas, EE.UU., mató a más de 6,000 personas y causó una oleada de 4.6 m que inundó y destruyó la ciudad. Poco después, una recreación del desastre atrajo multitudes en Coney Island. Un ciclorama mecánico dramatizaba la inundación ante el público, con la destrucción de una réplica de Galveston.

LITTLE MEN AND WOMEN
Midget City, Dreamland, Coney Island

# MIDGET CITY

Midget City, o la aldea liliputiense, era un pueblo en miniatura de Dreamland con más de 300 enanos. Los aldeanos vivían realmente ahí, como parte de una comunidad en su mundo a escala. Tenían su propia policía y bomberos, e incluso realizaban sus propias rutinas, como el "Circo de Pulgarcito".

# ÍNDICE

# AGRADECIMIENTOS

Portada © Markus Gann - Shutterstock.com, © Davydenko Yuliia - Shutterstock.com, © leolintang - Shutterstock.com; 4 (ar/d) ANA, (ab/i) David Hedges SWNS.com; 8–9 John McVitty Photography; 12 John McVitty Photography; 13 ADAM GERBER/CATERS NEWS; 14 BRUNO GRACIANO/CATERS NEWS; 15 (ar/i) Diovane Moraes Fotografia, (c/i) Henry Miller News Picture Service/FPG/Getty Images, (c/d) Keystone/Getty Images; 16 (ar) Idaho Department of Fish and Game (IDFG), (c, ab/d) THE AMERICAN SOCIETY FOR MICROBIOLOGY/MERCURY PRESS; 17 The Good Project; 18 (sp, c/d, ab/i) Mother Shipton's Cave; 19 Courtesy of Mary Nash Ward; 20 Sijori Images/Barcroft India; 21 (ar) PETER PARKS/AFP/Getty Images, (ab) PAUL KOUDOUNARIS/CATERS NEWS; 22 (ar/i, ar/d) Photo: Leah Yeung/Declan Jones. All pics. © TwinStrangers.com, (ab) Photo: David Atkinson/Declan Jones. All pics. © TwinStrangers.com; 23 True Wetsuits; 24–25 (dp) More about Thomas Thwaites's project can be found in his book GoatMan: How I Took a Holiday from Being Human; Photographs by Tim Bowditch; 28 (ar, ab) MARK RALSTON/AFP/Getty Images; 28–29 (dp) Lintao Zhang/Getty Images; 30 © Fan Jun/Xinhua Press/Corbis; 31 Müller-Stauffenberg/ullstein bild via Getty Images; 32 REUTERS/Akhtar Soomro; 33 (ar) MyLoupe/Universal Images Group via Getty Images, (ab) Dimas Ardian/Getty Images; 34 (c/d) © milosk50 - Shutterstock.com; 34–35 (dp) © Alexey Stiop - Shutterstock.com; 36 (ar) REUTERS/Jeff Topping, (ab) Buddhika Weerasinghe/Getty Images; 37 (ar/i) Bernie Pettersen/SWNS.com, (ar/d) Sam Autie/SWNS.com; 38 (ar/c) JNS/Gamma-Rapho via Getty Images, (ar/d) Hk Rajashekar/The India Today Group/Getty Images; 39 (ar) MARTIN BERNETTI/AFP/Getty Images, (ab) ChinaFotoPress/ChinaFotoPress via Getty Images; 40 (ar) Marka/UIG via Getty Images, (ab/i) GIUSEPPE CACACE/AFP/Getty Images; 41 ChinaFotoPress/ChinaFotoPress via Getty Images; 42 CATERS NEWS; 43 Studio City, Macau; 44–45 (dp) Photographer John Gollings; 46 View Pictures/UIG via Getty Images; 47 Pablo Blazquez Dominguez/Getty Images; 48 ASSOCIATED PRESS; 49 (ar) Renaud Philippe/ CATERS NEWS, (ab) ChinaFotoPress/ChinaFotoPress via Getty Images; 50 ASSOCIATED PRESS; 51 ChinaFotoPress/ChinaFotoPress via Getty Images; 52–53 (dp) JTB Photo/UIG via Getty Images; 54–55 www.aliencatmatilda.com; 56 SUSAN SCOTT/STROOP/CATERS NEWS; 57 (ar) Courtesy of Angela Johnson, (ab) TANJA MERENSKY-HARTINGER/CATERS NEWS; 58 (sp) Underwood Archives/Getty Images; 59 (ar) Peter Stackpole/The LIFE Images Collection/Getty Images, (ab/i, ab/dr) Michael Rougier/The LIFE Picture Collection/Getty Images; 60 CATERS NEWS; 61 (ar/d) Jeff Cremer/@JCremerPhoto, (ab/d) © Newsteam/SWNS Group; 62 (ar) Daryl Marshke/Michigan Photography, (ab) DAVID GRUBER/National Geographic Creative; 63 CATERS NEWS; 64 Eye of Science/Science Source; 65 (ar) The Asahi Shimbun via Getty Images, (ab) © Piotr Naskrecki/Minden Pictures; 66 Photo by Noel Conrad; 67 (ar) DENNIS BEEK/AFP/Getty Images, (ab/i) Andrew Evans/Nat Geo Stock/Barcroft Media/Getty Images, (ab/c) REUTERS/Marinos Meletiou, (ab/d) R.M.Buquoi Photographics; 68 © EuroPics[CEN]; 69 (ar) Ronny Adolof Buol/Pacific Press/LightRocket via Getty Images, (ab) © Ross Parry/SWNS Group; 70–71 ChinaFotoPress/ChinaFotoPress via Getty Images; 72 (ab/i) www.aliencatmatilda.com; 73 Courtesy of Hotel Epinard Nasu; 74 (ar) Dan Kitwood/Getty Images, (c/d) JUSTIN TALLIS/AFP/Getty Images; 75 PAULA MASTERSON/CATERS NEWS; 77 (ar/i) Courtesy of Martin Le-May, (ab/i, ab/dr) JOANA TRINDADE/MERCURY PRESS; 78 (ar/c, ar/i) Rick Kern/Contributor, (ab/d) Exclusivepx Media; 79 (d) Exclusivepx Media; 80–81 © Mercy Ships Josh Callow; 82 ImagineChina; 83 © EuroPics[CEN]; 84 Cody Pickens; 85 (ab/i) CONNOR MURPHY/CATERS NEWS; 86 Courtesy of Jamie Hilton; 87 Courtesy of Science for the Masses; 88 © ASSOCIATED PRESS, (ab) Sanjay Pandey; 89 (ar) SANJAY PANDEY/CATERS NEWS, (ab) Photograph by Barcroft India; 90 REUTERS/Milena Georgeault; 91 © EuroPics[CEN]; 92 (ar) © Mercy Ships Josh Callow, (ab) ASSOCIATED PRESS; 93 (ar/i, ar/d, c/d) © Mercy Ships Katie Keegan, (c/i/) © Mercy Ships Justine Forrest; 94 David Cheskin/PA Archive/Press Association Images; 95 (ar) © EuroPics[CEN], (ab) Clem Murray/Philadelphia Inquirer/TNS via Getty Images; 96 JUAN CEVALLOS/AFP/Getty Images; 97 (ar/i, ar/d) JUAN CEVALLOS/AFP/Getty Images, (ab) ASSOCIATED PRESS; 98 (ar/i, ar/d) D.E MEDIA/CATERS NEWS, (ab) ASSOCIATED PRESS; 99 © CATERS NEWS; 100 (ar) CATERS NEWS, (ab) ASSOCIATED PRESS; 101 Imaginechina; 102 Ajay Verma/Barcroft India via Getty Images; 103 (ar) NCJ Media Ltd; 104–105 David Hedges SWNS.com; 106–107 Summers Farm; 108 (ar) ANA, (ab) Crummy Gummy; 109 (ar) TOSHIFUMI KITAMURA/AFP/Getty Images, (c/d) David Eger/Rex Features, (ab/i) Education Images/UIG via Getty Images, (ab/d) David Eger/Rex Features; 110 Summers Farm; 111 (ar) Courtesy of Blake and Jessica Carranza; 112 Photos credit: Gail Heidel; 113 (ar) Courtesy of Uig Hotel; 115 (ar/d, ab) Kennedy Lee Lewis; 116 (ar) Courtesy of Theo Fennell Ltd., (ab), ChinaFotoPress/ChinaFotoPress via Getty Images; 117 Photo courtesy Antonio Santana, https://www.facebook.com/NYCISEE; 118 (sp, ab/d) Courtesy of the New York Historical Society; 119 (ar/d, ab) United States Library of Congress, (ar/c) Courtesy of the New York Historical Society, (c) Courtesy of the University of Buffalo Library; 120 (ar) Keystone-France/Gamma-Keystone via Getty Images, (ab) United States Library of Congress; 121 (ar) United States Library of Congress, (c, ab) Courtesy of the New York Historical Society; Master gráficos Ripley investiga: © Shutterstock/Iakov Filimonov; Características gráficas: http://subtlepatterns.com/?s=symphony, made by Irfan iLias

Leyenda: ar = arriba, ab = abajo, c = centro, i = izquierda, d = derecha, sp = página única, dp = página doble

Las demás fotos pertenecen a Ripley Entertainment Inc. Se ha intentado reflejar cada documento de manera correcta, pero puede ponerse en contacto con los responsables de los derechos de autor. Pedimos disculpas de antemano por los errores involuntarios u omisiones, que corregiremos en futuras ediciones.

VERACRUZ

# RIPLEY MUSEOS

## ¿TIENE EL SUFICIENTE **valor** PARA EXPLORAR ESTE MARAVILLOSO MUNDO DE RIPLEY?

Hay 31 Odditoriums de ¡Aunque usted no lo crea! de Ripley en el mundo, donde podrá disfrutar de nuestras peculiares y espectaculares colecciones y desentrañar aún más rarezas.

¡Entre, bajo su propio RIESGO!

CUIDAD DE MÉXICO

¡VENGA A VISITAR LOS TRES INCREÍBLES MUSEOS DE MÉXICO!

· **GUADALAJARA**
Calle Morelos 217,
Zona Centro, 44100 Guadalajara, Jal.

· **VERACRUZ**
Blvd. Ávila Camacho 57,
Ricardo Flores Magón, 91900 Veracruz, Ver.

· **CUIDAD DE MÉXICO**
Londres núm. 4, Col. Juárez. Del. Cuauhtémoc.
Ciudad de México C.P. 06600